メディアをつくって社会をデザインする仕事

プロジェクトの種を求めて

大塚泰造・松本健太郎 監修
山﨑裕行・柴田拓樹・田中友大・加藤興己・
木本伸之・白土智之・大工綾乃 編

ナカニシヤ出版

はじめに——プロジェクトの種を求めて

学生編者を代表して
山﨑裕行

ぼくは今、二松學舍大学大学院の修士課程に在籍している。おもにゲーム実況やeスポーツの研究を志す一方、初音ミクのファンたちをつなぐイベント「奏宴」[1]のオーガナイザーをつとめてもいる。理論と実践の両極を往還しながら、現代文化をとらえなおす視点を自分なりに見いだそうとしているつもりである。

とはいえ学部生時代をふりかえると、当時は到底まじめな学生とはいえなかったし、とくに将来のヴィジョンなんて立派なものはもちあわせてはいなかった（というか、そもそも進学なんて夢にも思わなかった……）。卒業要件となる一二四単位によって大学の四年間に刻みをつけ、なんのサプライズもない想定内の日常を淡々と消費していく——うっかりすると、そ

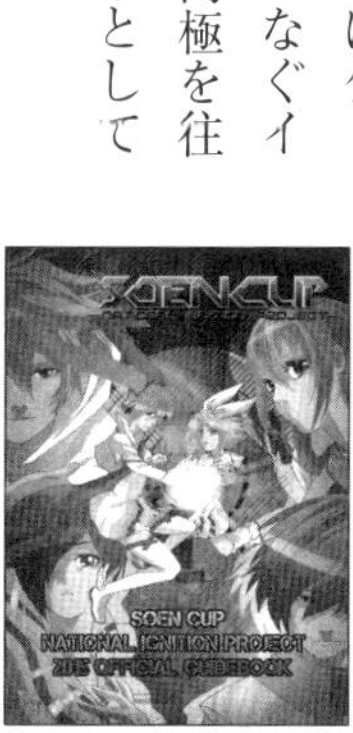

奏宴
- SOEN PROJECT -

[1]「奏宴」は、初音ミクをはじめとするVOCALOIDのファンたちによる非公式イベントの企画・運営・告知団体。その活動はゲームを中心としており、今までに「初音ミク Project DIVA Arcade」のオンライン大会を二度、また全国大会を二度主催し、前者に関しては参加者三〇〇名超、後者に関しても一〇〇名ほどの観客を動員した。競技としてのゲーム大会だけでなく、さまざまな文化に進出するVOCALOIDの魅力をより多くの人に体感してもらうためのイベントを目指し、現在も活動中（公式サイト https://soen-project.com/）。

んな四年間を無為に過ごしてしまう大学生は、今の日本にはかなり多いんじゃないか、とも思う。

もちろん将来の夢を掲げて頑張っている大学生だってたくさんいる。二松學舍大学の場合には、教職を志望して勉学に励む者もおおい。キャリア教育の授業も充実しており、たとえば就活セミナーに通いながら、将来どこの企業にはいりたいのか、どんな生活を送りたいのか、ばくぜんと思い描きながら満員電車に運ばれ、首都圏を東奔西走する。四年生にもなると、学生たちは週に一、二回になったキャンパス通学の際に、どこにエントリーシートをだしたのか、あるいは内定はもらえたのか等々、そんな話題を疲れきった表情で友人たちと語りあったりする。

「大学に入って学ぶことの意味ってなんだろう」——これは自分だけでなく、まわりの友人たちの学生生活をふと考えたときに、ぼくがある段階からずっと自問自答しつづけてきたことである。今、学びつつある知識が将来なんの役に立つのか。今、学びつつあることは自分の成長へとほんとうにむすびついているのか。心のうちでふくれあがる問いに対して、日々の授業がなんらかのヴィジョンを示してくれるようには思えなかった。基準もなく、確信もない状態で、際限なく迷いだけが増幅していき、気がつくとぼくは留年を決めてしまっていた。

「キャリアデザイン」や「ライフデザイン」などといった表現もあるが、今の時代、自分の人生を自分でデザインすることは困難をともなう。社会や職業をめぐる既存の体系のなかに自己の将来をみいだそうとしても、「リキッド・モダン」[2]とも称される環境のなかで、ほんとうにそれが幸福や安定をもたらしてくれるのか、疑心暗鬼になりかねない予測不可能な時代でもある。そのような現況を勘案したとき、本書の表題にも含まれている「デザイン」という語の意味を、ぼくらは今いちど考えてみるべきなのかもしれない。

英語では名詞でもあり動詞でもある「デザイン」(design)という語は、前者の場合には「計画」「プラン」「意図」「狙い」「悪だくみ」「陰謀」「形」「基本構造」を、後者の場合には「何かを考えだす」「装う」「下絵を描く」「スケッチする」「形づくる」「戦略的に処置する」を意味する。ヴィレム・フルッサーの『デザインの小さな哲学』によると、ラテン語に由来するその語は、先行する「しるし」(signum)を活かして、その周辺から前方へと脱出することだとされる。ようするにデザインとは、何かを「脱-しるし化する」(ent-zeichen)プロジェクトとして把捉されているのだ(フルッサー、二〇〇九)。

このフルッサーが提示するイメージを借用するならば、ぼくらは前方に脱出するために、あるいは既存のシステムの超克を指向する「脱-しるし化」を実現するために、一人

[2] 社会学者のジグムント・バウマンは『リキッド・ライフ――現代における生の諸相』のなかで、現代人が直面しつつある状況を「リキッド・モダン」(液体的・流動的な近代)として指呼しているが、彼によるとそのような時代においては、「そこに生きる人々の行為が、一定の習慣やルーティンへと(あたかも液体が固体へと)凝固するより先に、その行為の条件の方が変わってしまうような社会」(バウマン、二〇〇八:七)が現出しつつあると理解される。われわれが生きる現代社会は、「液体」の隠喩で表象されるほどに、急激に変容しつつあるのだ。

ひとりがあらたなプロジェクトを企てるべきなのかもしれない――換言すれば「従属的な《サブジェクティヴ》姿勢から背筋を伸ばして、投企的な《プロジェクティヴ》姿勢」をとる必要があると思われるのだ（フルッサー、一九九六）。

それまでの自分を再構成する転機、そもそも大学生活を抜本的にみなおす契機になったのは、ぼくが学部四年生だった二〇一四年、学生主導で企画された「学生映画コンテストin瀬底島」であった。その概要に関しては第4部に所収された拙稿で詳述されているのでぜひお読みいただきたいが、これは松本准教授が掲げていた「学生が教育の枠組みをデザインする教育」の実現を企図して、沖縄県北部の瀬底島を舞台として、地域連携や社会貢献を目的に開催されたプロジェクトであった。

当時、イベントの企画などまったく経験のなかった学生たちが、イベントのプログラム立案や予算案作成、あるいは現地住民や外部企業との折衝、さらには対外的なプロモーションまで、ありとあらゆることを担当することになった。だれかに何かをつたえるために、ある情報を文脈的かつ批判的に考察し、それを仲間たちと議論・共有しながら外部へと発信し、最終的にひとつの企画を実現へと導いていく。もちろん、それは簡単なことではない。たとえば広告用のポスターを作るにしても、キャッチコピーはどうするのか、ターゲットとなるお客さんの年齢、立場、趣味などをどう想定するのか、紙面にどのような情報を選択的に表象するのか等々――なにをどう決めれば、より効果的に相手に伝わるのか――を議論し決定していくプロセスは、ぼくらが普段なにげなく消費している広告の見方を劇的に変えるきっかけになった。もちろんそこで得られたものは、たんにイベントを企画するためのノウハウなど、方法論的なものだけではない。むしろ他者をどのように想定し、どのようなコミュニケーションをデザインするべきか、それを徹底的に考えぬくための実践的な経験が「学生映画コンテスト·in瀬底島」をつうじて獲得できた気がしている。

以上のプロジェクトも一つの事例になるだろうし、あるいは、学生の手によって実現された本書の出版プロジェクトももう一つの事例になるだろう。教職をあきらめ、大学に通う意味を見失いかけていたぼくに、新たな道を示してくれたのはPBL（Project-Based Learning）型の教育プログラムであった。昨今さまざまな大学において、従来的な知識伝達型授業をのりこえるような、社会との連携を前提とするプロジェクト型の教育が試みられつつある。それらの隆盛は大学教育の質的変容を示唆すると同時に、社会が若者たちに求める能力（とくに「コミュニケーション」や「コミュニティ」をデザインする力）の変容を示唆するともいえるかもしれない。

「学生映画コンテスト·in瀬底島」を終えて、進学したぼくと松本准教授とで話しあって構想をあたためたのが、本書に関するプロジェクトである。大学がよりひらかれた教育のあり方を目指して、社会とむすびつき、社会のあり方をデザインする試みは数多く存在している。ただ、そのようなことを考えたとき、じっさいに大学の内側にいてアイデアを練るというよりも、いったん学外、つまり社会に飛びだして、現場で活躍している方から刺激をうけてみたい、そんな気持ちがぼくのなかでは湧きあがっていた。

たとえば「メディアをつくって社会をデザインする」といったテーマのもとで、社会の先端的な分野で顕著な活躍をされている方々のお話をきいてみたらどうだろうか。さらにはその背景にあるヴィジョンをうかがい、それをまとめて書籍として出版することができれば、大学でのＰＢＬにおけるヒント獲得に資するだけではなく、今どきの学生がみずからの未来を、そして社会の未来を構想するうえで、ある種の「道標」になるのではないか。いわば「プロジェクトの種」をさがすために、大学から足を一歩ふみだして社会をみてみたい――これが本書の起点にあったぼくのパッションである。

ともあれ以上のような経緯があって、二〇一五年八月の時点で本書の企画書をナカニシヤ出版にもちこみ、編集者の米谷龍幸氏によるご理解をいただくことができた。さらにその後、インタビュー能力と校正能力を問う試験によって、ぼくと松本准教授とでメンバーを選抜し、学生有志によるプロジェクトチームを正式に立ちあげる運びになった。

付言しておくと、本書の目的は自己啓発にあるわけでも、社会事業をめぐるノウハウの集成にあるわけでもない。むしろ社会に対してさまざまなアプローチで事業を展開される方々のヴィジョンを学びながら、ぼくらが生きるこの世界を批判的にとらえなおし、自分と社会のそれぞれを、あるいは両者の関係性をデザインしなおすきっかけを提供することこそが目的である。

じっさいに本書では、リバネス、アオイゼミ、カタリバ、東北復興新聞、東北食べる通信、ローカル鉄道・地域づくり大学、ＰＫシアター、琉球ゴールデンキングスという、社会や文化をめぐる既存の枠組みをデザインしなおすようなプロジェクト、あるいは――コミュニケーションやコミュニティを媒介するという意味での――「メディア」が取りあげられている。それら各プロジェクト（あるいは、各メディア）を代表する方々に対して、学生がリサーチにもとづいてインタビューをおこない、文字起こしをした原稿にもとづいて記事を編集し、さらに、それら各々に松本准教授がエッセイをつけて解説をくわえている。「そのプロジェクトを着想するきっかけになった出来事とはなにか」、「そのプロジェクトを構成している要素はなにか」、「そのプロジェクトを遂行するうえで発生した問題とはなにか。また、それをどのように解決したのか」、「そのプロジェクトは、そこにかかわる人々や社会にどのような影響をもたらしたと考えられるか」、「そのプロジェクトは、社会においてなにとなにとを繋ぐ、もしくは媒介するといえるのか」等々――本書をお読みいただくとわかることだが、これら学生サイドからインタビュイーへと投げかけられた質問の数々は、なんらかのメディアをつくり、それによって社会のあり方をデザインしていくための「文法」を浮きあがらせているようにも思える。どのインタビュー記事も面白いし、とても刺激的なので、ぜひ、みなさんにも読みすすめていただきたい。

さて、本書の構成について簡単に素描しておこう。「第1部　メディアをつくって教育現場を変える」に含まれる三本のインタビュー、すなわち「科学をわかりやすく伝えたい　だからリバネスをつくる」（丸幸弘氏）、「教育をめぐる格差をどうにかしたい　だからアオイゼミをつくる」（石井貴基氏）、「子どもたちに未来を考えるきっかけを届けたい　だからカタリバをつくる」（今村久美氏）では、それらの各プロジェクトがどのように現代日本の教育現場を変えつつあるのかを示していくことになる。つづく「第2部　メディアをつくって地域社会を変える」に含まれる三本のインタビュー、すなわち「復興をめぐる文脈を変えたい　だから東北復興新聞をつくる」（本間勇輝氏）、「生産の裏側にあるリアルを届けたい　だから東北食べる通信をつくる」（高橋博之氏）、「経済合理性で割りきれないことを考えて欲しい　だからローカル鉄道・地域づくり大学をつくる」（海野裕氏）では、それらの各プロジェクトがどのように現代日本の地域社会を変えつつあるのかを示していくことになる。さらに「第3部　メディアをつくって現代文化を変える」に含まれる二本のインタビュー、すなわち「もっとファンたちに物語を体感してほしい　だからPKシアターをつくる」（伊藤秀隆氏）、および「スポーツにエンターテイメントをもちこみたい　だから琉球ゴールデンキングスをつくる」（大塚泰造氏）では、それらの各プロジェクトがどのように日本の現代文化を変えつつあるのかを示していくことになる。

なお、「第4部　プロジェクトから考える大学と社会」では、今日の大学におけるプロジェクトの諸相を紹介するために、東京大学、昭和女子大学、二松學舍大学の事例を取りあげる。ここに含まれる三本の論文、すなわち「日本のポップカルチャーに関するアーカイブ調査ワークショップ――東京大学サマープログラム「メディアミックス」（二〇一四年）の事例から」（谷島貫太）、「コミュニケーションの産出――JCA関東支部研究会における議論を起点として」（小西卓三・黒臼美穂・佐藤美冬）、「大学教育の現場におけるPBLの可能性を再考する――「学生映画コンテスト·in瀬底島」を事例として」(山﨑裕行・松本健太郎)に関しては、大学と社会とを架橋する試みとしても理解していただけると思う。

たびたび編集会議の場を設定してくださった米谷さんや大塚泰造さんをはじめ、本書の刊行を実現するにあたっては、おおくの方々にご協力いただいた。この場をお借りして、関係諸氏のみなさまに感謝を申しあげたい。

では、さっそく「プロジェクトの種」をさがしに、読者のみなさんと社会へ飛びだしたいと思う。

【参考文献】
バウマン・Z/長谷川啓介[訳](二〇〇八)『リキッド・ライフ――現代における生の諸相』、大月書店
フルッサー・V/村上淳一[訳](一九九六)『サブジェクトからプロジェクトへ』東京大学出版会
フルッサー・V/瀧本雅志[訳](二〇〇九)『デザインの小さな哲学』鹿島出版会

目次

第2部　メディアをつくって地域社会を変える

第3部　メディアをつくって現代文化を変える

第1部

メディアをつくって教育現場を変える

第一章　科学をわかりやすく伝えたい
だからリバネスをつくる

◉丸　幸弘氏

株式会社リバネス代表取締役CEO。東京大学大学院農学生命科学研究科博士課程修了。博士（農学）。まだ誰も知らない生命の謎を解明するべく、生命科学の研究者への道を志す。東京大学大学院在学中の二〇〇二年六月に理工系大学生・大学院生のみでリバネスを設立。日本で初めて「最先端科学の出前実験教室」をビジネス化した。

大学や地域に眠る知を発掘し、新事業のタネを生み出す「知識プラットフォーム」をつうじて、二〇〇以上のプロジェクトを進行させている。株式会社ユーグレナなど、多数のベンチャー企業の立ち上げにも携わるイノベーター。二〇一五年に人間力大賞グランプリ、内閣総理大臣奨励賞を受賞。著書は『世界を変えるビジネスは、たった1人の「熱」から生まれる。』（二〇一四、日本実業出版社）、『「勘違いする力」が世界を変える。』（二〇一六、リバネス出版）、共著に『アグリ・ベンチャー』（二〇一三、中央経済社）など。

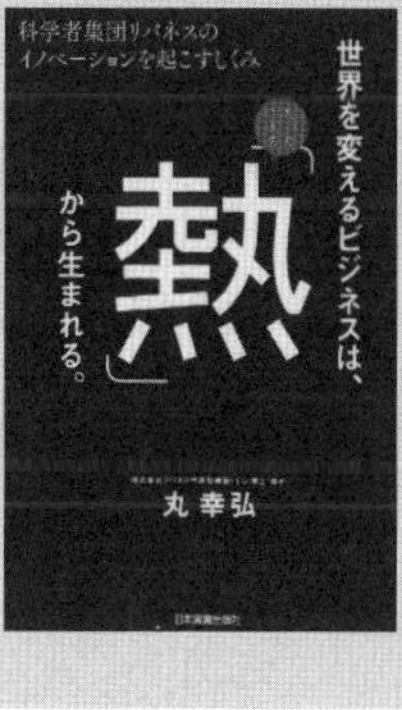

◉株式会社リバネス

「子どもの理科離れ」「ポスドク問題」など、科学を取りまく課題に対処するために、二〇〇二年に理系学生一五名で設立された。サイエンスを核として、さまざまな課題解決をおこなう〝研究者集団〟である。現在、社員は六二名まで増え、その全員が修士号・博士号を取得している。

企業理念は「科学技術の発展と地球貢献を実現する」。「知識プラットフォーム」を掲げ、知識製造業によってイノベーションを起こしつづけていくことをモットーとしている。

小中高校生を対象とする出前実験教室などの教育プログラム開発、若手研究人材の育成、研究開発など、科学全般に立脚した事業のほか、飲食店の経営や養豚、創業支援に至るまで、活動は多岐にわたる。

「熱がなければ、化学反応は起きない」という科学の常識を会社運営にあてはめ、社員一人一人が強い「熱」(passion)をもってぶつかり、互いに化学反応を起こしあうことで、世界を変えていくことを組織の原則としている。

学生による一言コメント
「研究するために起業する。新しいプロジェクトの種は、じつは普段の学びや研究のなかに隠れているのかもしれません」。

[リバネス HP]

――リバネスは非常に多岐にわたる活動をされていますが、丸さん自身が考える〝リバネス〟とはいったい何でしょうか？

リバネスは、一言でいうならば「メディア」だよね。

もともとマスメディアって、人々を誤った方向に誘導しやすい力があるんだよ。たとえばテレビで「奥さん！　このキノコを食べるとすごいんですよ！」って発信すると、その翌日にはスーパーからキノコがなくなる。それはマスメディアのあり方としては正しいのかもしれないけど、はたして情報として正しいものなのかどうか。ならぼくらが実験してみようと……。

マスメディアへの対抗馬としてぼくらがサイエンスをわかりやすく伝える――そういうメディアがあってもいいよね。そんな発想から生まれた「メディア」がリバネスなんだ。簡単にいえば、それはメディアっていう概念に、サイエンスとテクノロジーっていう切り口を与えて、消費者が選べるようにしていくっていう媒体なんだよね。それでぼくらが最初にやったのが、科学をわかりやすく伝えるために企画された子ども向けの出前実験教室。それは理科離れという問題に対する解決策の提示という目的もあったわけなんだけど、とにかく世界で初めての試みになった。

そもそも今までサイエンスにおける主要なメディアって何かっていうと、それは学術論文だったの。でもそのメディアって、一般の人に読まれることはほとんどないよね。科学との接点なんて、せいぜい学校やテレビぐらいで、一般の消費者は論文なんて読んでないんだよ。レベルの高い論文ほどじつは読まれていない、という現状があるんだ。

――論文やテレビを介さずに、消費者へダイレクトに科学を伝える媒体としてリバネスがあると。

ぼくらリバネスは、サイエンティストがつくった初めてのメディアだといえる。でも、そのなかでもいちばん重要だったのは、わかりやすく科学の魅力を伝える「フェイストゥフェイス」の出前実験教室がメディアになりうると証明したことなんだよね。それ以外のメディアとして、ぼくらの会社は中高生向けにサイエンス雑誌を六万部ほど発行している。そこにはインタビュー記事も含めて、科学の最新の情報が載っているんだ。これってすごく特徴的なんだけど、今まで誰もやってこなかったんだよ。

――なぜ誰もやってこなかったのでしょうか？

ひとつの理由としては、儲からない。儲からないから子どもたちにサイエンスとテクノロジーを伝える雑誌がない。でも、そもそも儲からないメディアは存在しちゃいけないのか？――そんなわけはないよね。

あと当時、そういったメディアの作り手がいない、という問題もありました。内容的には難解な科学分野の情報をわかりやすく伝えられる人が少ない。もちろん新聞記者や役人はそれをやりたいんだけど、結局できないんですよ。大学の先生でも難しいところがある。リバネスを立ち上げた当時、「誰もやっていないなら、ぼくらがやっちゃおう」と考えたんです。儲かるか儲からないかを先に考えるんじゃなくて、そこにメディアが存在しないかどうかを先に考える。もし誰も手をあげていなかった場合、それは人類の課題になるかもしれない。

じっさいぼくらが挑戦した先端的な試みに対して、学校の先生に感謝されたり、生徒たちに喜んでもらったり……そうするとね、結果としてお金が集まってくるんだよ。これは、いわゆる「コーズリレーティッドマーケティング[1]」という手法なんだけど、活動の成果を社会貢献へと結びつけることが重要になるんだ。誰もが応援したくなることを実行することは、じつはマーケティングになるんだよ。たとえば「ワンリッターフォーテンリッター（1ℓ for 10ℓ）」って知ってる？　一リットルの水を買うと一〇リットルの水が砂漠に住んでいる子どもたちに届きます、ってやつ。普通の水とワンリッターフォーテンリッターの水――同じ値段で、一リットル買ったら少しでも誰かを支援できる。君なら、どっちを買いたくなる？

日本ではさまざまな立場の人が、サイエンスとテクノロジーに関する国民のリテラシーが低いことを、あるいは子どもたちの理科離れが進んでいることを大問題だと思っている。ただ、それをどうにかしたいと感じても、従来はその具体的な処方箋がなかったんですよ。だからリバネスは、そのような問題を解決するために、出前実験教室から始めたわけです。

もちろんぼくらの試みは、多種多様な派生的な効果をうみだした。それは、たとえば若手研究者の多くが正規の職に就けなくなっているポスドク問題[2]の解決だったり、ベンチャー企業の育成だったりと、さまざまです。リバネスは今や、サイエンスとテクノロジーをわかりやすく伝えるための独自の能力をもった、世界で唯一の会社になった。うちの会社はじつはすごく単純で、やってることはひとつなんだよ。ぼくらの会社自体がメディアそのもので、しかもフェイストゥフェイスのメディアなんだ。だからサイエンスとテクノロジーの先端的な知見をわかりやすく伝えるために、ぼくらはそこをトレーニングして、それを「サイエンスブリッジコミュニケーター」という資格として認定している。それは、いずれ大学でも必要性が認められる資格だと考えています。

今のリバネスには小学生がきて、中学生がきて、高校生がきて、大学生がきて、大学院生がきて、先生がきて、記者がきて、企業がきている。もしかしたらこれが「未来の大学のかたち」かもしれない。ぼくは「ぜんぶ混ざっちゃえばいい」と思う。リバネスの社名にあるように「Leave a Nest」――つまり巣立つためにぼくらは学ぶんだから……。未来の大学は、今のかたちのままではありえない。もう税金は投入できないし、大学と民間企業を分ける時代じゃなくなってきている。当然のことだけど、これから大学のかたちは変わっていく。学生も何か企画をもってこないといけない。学生と先生が一緒になって稼がなきゃいけない。

――これからの時代、ビジネスと学問との境界がなくなっていくのですね。

ぼくらは投資育成研究センターっていう研究所をたちあげて、どういう支援をすれば大学発のベンチャーが成長するのかをずっと分析している。ほら、ここでもアカデミックと実業が絡んでるでしょ。このデータは誰も作っていなくて、どこにもない。これだけでも、まじめに研究したら学問的にも意義のある論文が書けるんだよ。

でももちろん、ぼくらの場合には論文を執筆することがゴールじゃないし、それを執筆しているあいだにも稼がなきゃいけない。ぼくらは淡々と研究活動をやりながら、ビジネスとアカデミックな知を同時につくりだしている。基礎研究[3]もたくさんやってるんだよ。

――ビジネスやプロジェクトを企画して実現するために必要な視点は、どのように獲得するものなのでしょうか？

それは、ただ勉強だけしていても獲得できません。大切なのは勉強より「学問」で、ぼくの定義では勉強と学問はまったく違う。勉強って教科書があってそれを読まなくちゃいけないよね。それはそれで、やっていかないとダメなものなんだけれど、「勉強」をかたちづくっている漢字に注目してみると「強いる勉める」とある――これが勉強。だから当然つらい。逆に学問の場合には、「問い」をどれだけ明確にもつかが重要です。問いに対して学ぶ、もしくは問い自体を学ぶ。問いをどう作っていけ

（1）コーズリレーティッドマーケティング（Cause-related marketing）とは、特定の商品を購入することが環境保護などの社会貢献に結びつくと訴える販促キャンペーンのこと。単なる慈善活動と異なり、企業のイメージアップや収益拡大を目指すことが最終目的となる。

（2）ポスドク問題とは、博士号を取得したものの、就職の受け皿となる大学や公的研究機関のポストが限られているために、一万人以上のドクターが正規の職につけていない問題。

（3）「基礎研究」とは、文部科学省の「民間企業の研究活動に関する調査――用語の解説」によれば「特別な応用、用途を直接に考慮することなく、仮説や理論を形成するため若しくは現象や観察可能な事実に関して新しい知識を得るために行われる理論的又は実験的研究をいう」(http://www.mext.go.jp/b_menu/toukei/chousa06/minkan/yougo/1267199.htm)。

ばいいのか、その問いがどれだけ崇高かどうかによって、学びがどれだけ深まるかが決まってくるんだよ。「問いを立てるトレーニング」と「勉強するトレーニング」はまったくの別物。さらに付け加えておくと、「解答を作れる人」と「問いを立てられる人」も違う。つまり課題解決能力と課題提示能力は別物なんだよね。

今の時代において必要とされるのは、課題をさがしてそれを提示できる能力。課題を発見してそれを解決するのが研究者の仕事なんだよ。それに真っ向から勝負を挑む、その癖をつけていく。それが今の若い人たちに課せられた感覚。勉強はいらないっていうのはある意味で正しい。でも学問をやろうとすると、勉強もしなくちゃいけなくなるんだよ。

――子どもたちの教育を考えるうえで、「勉強すること」と「問いを立てること」のバランスをどのように考えていますか？

ぼくらは最先端の科学を子どもたちにわかりやすく伝える教室を提供しているんだけど、重要なのは、子どもたちに伝えるまえにぼくら自身が学ばなければならない、ということ。伝えるためには理解しなければならないし、そのために勉強しなければならない。だからぼくらは、取りあつかう分野が増えるとすぐ教室を立ちあげるの。そうするとぼくらは先生として子どもたちの前に立たなきゃいけないから、たくさん勉強しなきゃいけない。そうすると知識が人に、さらには会社にそなわっていく。

問いを立てること、問いを学ぶことは重要です。ぼくらはつねに、「学問」っていうキーワードがもっともっと世のなかに浸透しなきゃいけない、と考えている。だから一人ひとりが発見した課題は違っていい。問いっていうのは全員バラバラでいいと思っています。

――課題を見つけたときには、それをもうすでに他人が考えていた、ということもありうると思うのですが、そこからつぎへ繋げていくためにはどうすればよいでしょうか？

すでに誰かがやっていたら、そこに行く。そこに行って「一緒にやらせてくれ」って仲間になっちゃえばいいんだよ。「人がやってたからもうやめた」なんて、そんなパッションじゃいけない。やりたかったことがそこにあるんだったら、すぐに行く。誰かがやってたらラッキー、一緒にやっちゃおう。その課題が解決すれば人類は一歩前進するんだから……。それが人間が仕事をする理由でもある。

われわれが仕事をする理由は、一言でいえば「次世代を残すため」なんじゃないかな。金のためだけに仕事する人はいない。われわれの子ども、孫、さらにはその後につづく人類が豊かに楽しく過ごすために、ぼくらは働くんだ。そういう本質的なところに迫っていくのが、サイエンティストなんだよ。だからぼくは経営者じゃない。とにかく研究というものを貫いて、研究者でありつづけたいから、だから逆に会社をつくったんだよ。

――リバネスでは一〇年以上も前から出前実験教室をおこなっていますよね。実験教室を経験した子どもたちがインターンシップでリバネスを訪れる、ということもあるのですか？

もう実際に、ぼくらの会社で働いている子がいる。リバネスが過去に実践してきた、いわば子どもたちへの投資がかたちになってあらわれているんだ。ぼくはむかしから皆にこういってた――「メディアをつくるのに一二年はかかる。そのあいだは申し訳ないけど、給料はあがらない。大企業に行った方がはるかに稼げる。けど、ぼくのやりたい仕事は一二年間とにかく儲からない出前教室をやることなんだ。だから騙されたと思ってついてきて欲しい」って……。

だからリバネスの立ちあげ当時、メンバーの給料は本当に安くて、会社としても儲からなかったんだよ。けど今ではリバネスも大きくなった。ぼくが言ってたことが達成できて、去年ぐらいからやっとその投資がメディアというかたちで結実したんだな、と感じている。大きくなった子どもたちがリバネスにきて、おおくのお客さんもついて、ようやくちゃんと稼げるようになったなぁって……。

――種をまいて収穫するような、リバネスが一つの企業というよりは生態系みたいになっているんですね。

リバネスはさまざまなプロジェクトを多角的に展開していて、米に関する取り組みもやってるし、豚もやってるし、鶏もやってるし、植物工場もやってる。だけど会社だけ運営をしたいとか、ベンチャーを興したいというわけじゃなくて、ぼく自身のパッションとして、人類を一歩前進させたいと思ってる。そしてサイエンスとテクノロジーというキーワードがあれば、もっとはやく世のなかをよくすることができるはずなんだ。二酸化炭素の問題だって、食料の問題だって、医療の問題だって、解決すべきことは多岐に渡るんだよね。

ぼくはサイエンスとテクノロジーの力を信じている。だからそれを使いこなせてない日本がもどかしい。日本はサイエンスとテクノロジーに関する知見をどの国よりももっていて、NASAだって日本の技術を使っているのに……。じつは日本人が一番、日本の技術を使い切れていないんじゃないかな。スティーブ・ジョブズが作ったiPhoneだって、スマホの技術の六割が日本のものを使っている。彼ができたのなら、ぼくも日本の技術を使って新しいイノベーションを起こせる。そのためにはアップルみたいな組織が必要だよね。ならリバネスでいいじゃん！

リバネスのライバルはアップルとかグーグルなんだ。ぼくらと彼らの決定的な違いは、ぼくらが日本にいる、ということ。ぼくらはフェイストゥフェイスのコミュニケーションを町工場の人とだってできる。もちろん大学の先生とだってできる。アップルやグーグルなんかに負ける気は一切しない。でも彼らは考え方が貪欲だから、そこはやっぱりすごいと思うよ。ビジネスがうまい。ぼくらは「和をもって尊しとなす」だから、ビジネスは苦手かもしれないね。なぜなら「分け与える」のはぼくらの文化だから……。

だからぼくらとしても、売上の数字で勝とうとは思ってない。世のなかにどれだけインパクトを与えたか、世のなかをどれだけよくしたかっていう数値が、今後の働く意味とか、人間が生きてく意味とかになっていくからね。アップル、グーグルが何兆円に対してリバネスは数百億円、でも社会的なインパクトはナンバーワン。それってかっこよくない？

――アップルのタッチパネルもそうですけど、今のお話をうかがうと、特許ばかりおさえることは人類のためにはならないような気がしますね。

たとえばアメリカの企業家のイーロン・マスク[4]なんかは、特許をどんどん開放してるじゃない。人類を進化させるっていう意識をもった起業家が増えてきている。彼らは決して自分の財産が欲しいわけじゃなくて、人類が一歩前進するために必要なことは何かを本気で考えてるんだ。なぜならぼくらはもう十分に豊かだから。

ぼくはよくわからない食べ物に高い金額を使うぐらいなら、それを投資に向けた方がいいんじゃないかって思ってしまうんだよ。最近だとエンジェル税制[5]っていうのが出てきてね、税金対策になるからどんどんテクノロジー系ベンチャーに投資してるわけ。日本のお金持ちが消費じゃなくて投資の行動にでたら、日本はもっと豊かになるんじゃないかな。消費ってもう十分なはずなんだよ。でも使い道がないから、仕方なく食事とかにお金をかけちゃってる人も多い。今ではインターネット経由で投資ができるクラウドファンディングという選択肢もある。あれは実際にお金が集まっているし、すでに一個のメディアとして確立されてるよね。あれが企業の税金対策とかになればいいのに、とも思う。企業がお金をだしてそれが税制優遇になるとさらに良い。そしたらもっとお金がまわって若い人のチャレンジに繋がるんだから。

――丸さんはさきほど「リバネスがメディアだ」とおっしゃっていましたが、個人がメディアになりえないからこそ、組織という枠組みに重要性がある、とお考えなのでしょうか？

それはそのとおりで、個人はメディアにはなりえない。ぼくはある段階で、集合体でなければ世のなかは変わらないってことに気づいたわけ。結局どういう組織が世のなかを変えられるのか。ピラミッド型の組織が本当に世のなかを変えられるかっていうと、「ものづくり」であればもしかしたらできたかもしれない。でも今度は「ことづくり」の時代になった。つまりメディアの時代が到来したんだ。メディアの時代に台頭したグーグルとかアップルは、メディアそのものを組織としてつくりあげて、国のような仕組みを作ったわけだよね。

これに対してリバネスは、「サイエンスブリッジコミュニケーター」という個のフェイストゥフェイスメディア、ウェブを介さないメディアを実践している。ぼくらには「個のネットワーク組織」と呼んでいるものがあって、たとえば物理だと熱量の高いものが激しく動いてネットワークを構築しているんだよ。これを人に当てはめると、人と人、知恵と知恵が「ばちっ」とぶつかりあって、この瞬間にコミュニケーションが起こっている。この人と人が反応した瞬間にぱっと出てくるのがメディアなんだ。ぼくはそれを作ってみたかった。

人と人が「ばちっ」とぶつかりあうこと、そして、そこから派生するメディアをイメージしながら、それをぼくは「知識製造業」と呼んでいる。だから個のネットワーク組織という組織形態は、激しく動いてなきゃいけない。動いていてかつ、わかりやすく伝えあっていなければいけない。だからこれからＡＩが人類にとって代わるなんてありえない。個のネットワークメディアを作れれば、人間は人間である理由があって、人間同士が「ばちっ」とぶつかりあうってのはＡＩには絶対に不可能だからね。だから、いずれフェイストゥフェイスのメディアが世界を席巻する時代がくる。情報革命は終わった。これからくるのは知識革命だ。もう一度、人と人が会ってわかりやすく話すのが当たり前の時代が到来する。メディアって、ひとりじゃできないんだよ。ひとりじゃできないこと、お互いの考え方をミックスすることが重要なんだ。だから人間的なコミュニケーションは残る、人間的なコミュニケーションが見直される時代が再来するとぼくは信じている。

――フェイストゥフェイスで話すとき、そこには空間がありますよね。その空間のデザインというのも、これから見直されるのでしょうか。

それはおっしゃるとおり。アメリカでもよくやってるように、ハッカースペース[6]をつくって似たような人たちをつなぐ。最近ではヴァーチャルからリアルへの揺り戻しがおきているよね。

（4）イーロン・マスクは、南アフリカ共和国出身のアメリカの起業家。アメリカの電気自動車メーカー「テスラ・モーターズ」のＣＥＯとして「真の競争相手は他社ではなく、世界中の工場から吐き出されるガソリン車なのだ」と発言。環境保護のために、同社の所有する特許を開放した。

（5）一九九七年の税制改正により創設された、ベンチャー企業に出資する投資家の投資を促進するための優遇税制のこと。

人が集まる空間をデザインする。そこでこれから重要になってくるのはAR[7]やVR[8]だね。今では遠隔でも顔をあわせられる技術がそなわってきている。人と人とが直接脳みそを混ぜ合わせる場というのが交差点になりうるから、会うっていうのはスカイプだと限界がある。立体感がなきゃいけない。人間っておもしろいことに、他人を認知するのに立体感が必要なんだよね。それは平面では無理なんだよ。声だけでも無理。この立体感を出せる技術がもう登場しつつある。匂いすらも送れるようになってきた。だからフェイス トゥ フェイス・メディアが流行る。今、重要な技術はARやVRなんだ。それらはフェイス トゥ フェイスのコミュニケーションを補強する技術になりうるんだよ。だから、いずれパソコンは必要ない時代がくる。いきなり立体で目の前に人がぽーんとでてくる。そういう時代がくると思うと、わくわくしてくるよね。

——最後に、これからプロジェクトを立ちあげようとしている人に向けて、ひとこと頂けますか。

プロジェクトを始めるのは簡単で、一にヴィジョンを明確にする。二に仲間を作る。三に行動する。そんなこと誰でもできるでしょ。

ヴィジョンを明確にするのが苦手な人は、いろんな人と話をしよう。ただ、対話から急にヴィジョンが生まれることはない。バームクーヘンが生地をくり返し巻かれ、熱を加えられて完成するように、自分の思いや考えを毎日毎日くり返し話しながら温め続けると、ある日やっとヴィジョンになる。人と話す。対面的なコミュニケーションこそが大事なんだ。

そして仲間。能力のある人じゃなくて、気持ちのある人、パッションをもった人と仲間になるんだ。そうじゃないと本当にいい関係の仲間は作れない。そして三つ目。いい仲間ができたらとにかくやってみる。ビジョンを行動に移す段階だ。

仲のいい人たちとやれば絶対にプロジェクトはうまくいく。そしてあきらめない。以上!——これであなたたちは大成功だ。

(6) ハッカースペースとは、コミュニティとして運営されるワークスペースで、多くの場合はコンピュータやテクノロジー、科学、デジタルアートまたはエレクトロニックアートなどに対して興味を共有する人々が出会い、ソサエティ(社会)を形成したりコラボレーション(協働)したりすることができる場所である。

(7) AR (Augmented Reality) とは拡張現実のこと。

(8) VR (Virtual Reality) とは仮想現実のこと。

【メディア研究者のメモ】未来における学びの場を考える

記憶を外部化するためのデジタル記録媒体が多様なかたちで発達を遂げた今、学問的な知の価値や、学問的なコミュニケーションをめぐる状況は、以前と比べて大きく変化したように思われる。かつて大学受験が「戦争」にたとえられた時代、あるいは、学歴が「信仰」になぞらえられた時代においては、詰め込み式教育の所産として、授業や参考書をつうじて暗記した内容を、テストの際に正確に活かしうる知性——換言すれば、インプットとアウトプットが限りなくイコールに近づくような知性——が肯定的に評価されていたふしがある。しかしながら、そのような機械暗記をベースとする能力が、現在の機械化された総記録社会において、従前どおりの価値を維持するとは考えにくい。

じっさい、大学のイメージ、あるいは、そこで展開される学問のイメージは、ずいぶんと様変わりしたといえるのではないだろうか。検索エンジンの彼岸からあらゆる情報を容易に引き出せるようになった現代社会にあって、大学教員の多くはみずからの講義の場で、または演習の場で何をなすべきか、ある種の迷いを抱え込んでいるように思われる——つまり一方通行の知識伝達型の授業は、従来どおりには受け入れられなくなりつつあるのだ。じっさいに近年、大学教育の現場では、「知識伝達型講義を聴くという（受動的）学習を乗り越える意味での、あらゆる能動的な学習」[1]として「アクティブラーニング」の重要性が叫ばれ、また、コミュニケーション能力や企画力、課題発見能力や課題解決能力の獲得を指向する「PBL」が推奨されつつあるが、そのこと自体が逆説的に、そうでもしなければ成り立たない大学教育の危機を浮き彫りにしつつあるようにも思われる（そもそも学生がみな、学問に対して能動的であるとするならば、誰が声高に「アクティブラーニング」を主張する必要があろうか）。

ともあれそのような現況を鑑みたとき、リバネスの試みは「未来における学びの場」を構想するうえで非常に示唆的だといえる。彼らは「研究」と「教育」と「ビジネス」をつなぐ新たなプラットフォームをダイナミックに確立しつつあるのだが、今回インタビューに応えてくださった丸さんは「パッション」を込めて、彼らが創出しつつある「学びの場」の姿を提示してくださった。

じっさいに筆者もその光景を目のあたりにして驚いたのだが、リバネスにはさまざまな立場の人間が集う——丸さんが言及するように、そこには「小学生がきて、中学生がきて、高校生がきて、大学生がきて、大学院生がきて、先生がきて、記者がきて、企業がきている」。しかも「ぜんぶ混ざっちゃえばいい」と語られるように、そこではさまざまな学問的関心をもつ、さまざまな年齢層の研究者（あるいはそのタマゴ？）たちが、相互にコミュニケーションを交わしながら、各自のプロジェクトに邁進している。知的好奇心に駆り立てられた子どもたちの目の輝きを前にして、昨今しばしば大学教育の現場で話題になるものとは別種の「アクティブラーニング」について、ある種のヒントを頂いたような気がしている（ようするにリバネスでは、大人／指導者によって「アクティブラーニング」の機会が受動的に与えられるのではなく、むしろ子どもたちが能動的かつ自発的に、その機会を得ようとしているようにみえる）。

　ちなみに丸さんは「勉強すること」と「問いを立てること」をわかりやすく対比しながら、たんに情報をインプットするだけにとどまらず、問いを立てること、さらには問いを学ぶことの重要性を説く。そして問いを立て、それまでは未発見だった課題を発見し、さらにそれを解決していくという学問的営為こそが「人類を一歩前進させる」ために必要なのだと主張するのである。

　巷では今後の数十年のうちに、数多くの仕事がＡＩなどのテクノロジーによって奪われていくと予想されたりもするわけであるが、これに対して丸さんは、「ＡＩが人類にとって代わるなんてありえない」と語る。そして彼は「知識製造業」というイメージをもちだしながら、個々の人間が相互に対話することで派生するネットワークによって、知をめぐる既存の枠組みが組み替えられるイノベーションの舞台をデザインしようとしている。

　「Leave a Nest」――彼がリバネスをつうじて育んでいるフェイス トゥ フェイスのメディアは、人類をどのような未来へと巣立たせるのだろうか。

（松本健太郎）

（1）溝上慎一「アクティブラーニングから見たディープ・アクティブラーニング」松下佳代［編］『ディープ・アクティブラーニング』（勁草書房、二〇一五年）三二頁。

第二章　教育をめぐる格差をどうにかしたい
だからアオイゼミをつくる

◉石井貴基氏
北海道出身。福島大学卒業後、株式会社リクルートをへて、二〇一一年にソニー生命保険株式会社にて保険プランナーとして働きはじめる。そのなかで、教育費が家計を圧迫している現状を変えるためには新しい選択肢が必要だと確信し、二〇一二年に株式会社葵を創業し、代表取締役に就任。オンライン学習塾アオイゼミをリリースする。
明日の日本をリードする起業家を発掘・応援するプロジェクト「金の卵発掘プロジェクト」（株式会社経済界主催）において、二〇一三年に審査員特別賞を受賞。日本経済新聞にも複数回取りあげられ、また二〇一五年には電通デジタルホールディングス、KDDI Open Innovation Fund、マイナビなどから出資を受け、教育×ITの分野で注目を集めている。

◉アオイゼミ

株式会社葵によって運営される、中学生・高校生向けのオンライン学習塾である。公式サイト・アプリ上での「生放送」によるライブ授業と、四〇〇〇本以上の授業動画を配信している。ライブ授業は毎日三〇〇〇人以上が参加しており、生徒による質問、講師による回答がリアルタイムでおこなわれている。ライブ授業中のコメント機能をとおして、講師が生徒の理解状況を把握することや、生徒間でコミュニケーションをとることが可能である。

インターネットでの授業配信によって教室代などの費用がかからないため、サービスの基本使用は無料、有料プランの場合でも、生徒の一か月あたりにかかる費用は九〇〇〇～五〇〇〇円と抑えられている。

また、「IT×ヒトを融合させた「感動」の学習サービスを創ること」を掲げており、生徒の成績を向上させるという共通の目的のもと、講師とエンジニアという異なる職域のスタッフが協力をして学習サービスをつくっているのが特徴である。

学生による一言コメント

「教育の格差を是正する。社会のなかで変えようがなかったもの、変わっていなかったものに目を向けることは、プロジェクトの種を見つけることにつながる」。

［アオイゼミ HP］

――「アオイゼミ」を立ちあげたきっかけについて、お聞かせください。

私はもともと新卒でリクルート社にはいり、二年ほど営業として従事しておりました。その後、ソニー生命保険に転職し、保険プランナーとして働いていたんです。リクルートで色々勉強させていただいて、仕事上ちょっと一息ついたなと思った時に、折よく転職のお誘いをいただいたのですが、その際に「生命保険」という金融商品の話をはじめて聞いて、すごく興味が湧きました。

その点に共感をおぼえて、また、私自身やりがいを感じて、生命保険業界に転職したという経緯があります。

私が勤めていたソニー生命保険は、専属のプランナーが「オーダーメイド型の生命保険」をご提案することが強みでしたので、実際の保険設計をおこなう際は、お客さまそれぞれの「家計」に踏み込んでお話しすることになります。何にいくらお金を使っているのか、そして将来どのようなお金が必要になるのかがわからなければ、必要な保障額や保障内容のご提案をすることができません。そのためお客さまと何度もお話したうえで、家計の未来予想図を作成し、それから生命保険のご提案をさせていただく、という流れになっています。

このような仕事をするなかで、さまざまな年収帯のお客さまと話をさせていただいたのですが、そこでひとつ気がついたことがありました。「衣食住」、つまり衣服や食事、住居においては、それぞれの年収帯によって比較的選択肢が多く、最適なものを選びやすいんです。収入にあまり余裕のない世帯、たとえば年収一二〇万円ほどの世帯であれば、月額家賃が一万円程度の公営住宅へ優先的に入れる場合が多いですし、衣服を選ぶ際も、今ではファストファッションが充実しているので選択肢は豊富だといえます。

これと比較すると、お子さまの教育費については選択肢が乏しいケースが多い……。さきほど年収一二〇万円の事例をあげましたが、これを月収にすると月一〇万円の収入です。このような世帯で、月額二万円以上かかる学習塾に通わせたり、習い事をさせたりするのは厳しいですよね。

ただ、私としても教育って家庭における「聖域」だと感じているので、「収入状況が厳しいから、お子さまの教育費用を削りましょう」とは口が裂けてもいえません。そんな状況を目のあたりにして、「衣食住にはさまざまな選択肢があるのに、どうして教育はこんなに選択肢が狭いんだろう」と感じたのがアオイゼミを起業したきっかけです。

――教育の新しい選択肢として、オンライン学習塾をはじめた、というわけですね。

はい。衣食住をめぐる業界では、インターネットの発達によって、さまざまな水準でのコストダウンが進められてきました。たとえば、とある有名なファストファッション企業では、商品の開発サイクルが二週間ぐらいだといわれています。具体的にいえば、服のデザインをするスタッフが渋谷でファッションのトレンドをつかんで、そのデータをメールで共有して中国の工場で生産に入る。そして二週間後には店頭に新作の服がならんでいる、というサイクルが実現しているわけです。

このようにインターネットは、経済活動をめぐる私たちの環境に影響を与えつづけていますが、とくに教育に関しては、起業した二〇一二年の段階ではその恩恵にあずかることができていませんでした。「それならば学習塾というビジネスモデルを、インターネットで作ってみよう」と思ったのが、アオイゼミのスタートだったんです。

ちょうど当時は、ライブストリーミング技術がだんだんと普及しつつあった時期でした。Ustream配信や、ニコニコ生放送が二〇〇九年あたりに台頭し、それまでにあった「一方通行的な」動画サービスではなく、生放送ならではの特性を活かして、配信主と視聴者が簡単にコミュニケーションできるようになったんです。この技術を使えば、全国の仲間たちとオンライン上の教室で一斉に受講して、実際の教室にいるかのように、その場で先生に質問することができるのではないか。そして、実際の学習塾のような教育サービスを、圧倒的な低価格でお届けできるのではないかと考えました。

――従来の動画型の通信教育とは異なるヴィジョンでスタートしたんですね。

もちろん最初はYouTubeのような動画型の学習サービスも考えていました。ただ、動画学習を自分のペースで活用できる子は少ないですよね。これはアオイゼミの受講生が話していたのですが、「いつでも見られる動画は、いつでも見ない」。この現象は、通信教育で送られてくる教材がたまりがちになるのと同じだと思うんですね。結局、自分の判断で教材を活用できる子はもともとの学習モチベーションが高いので、動画に限らず参考書でも勉強ができてしまうわけで、そこにあまりイノベーションはないんじゃないかな、と。

それよりも、今まで勉強がなかなか習慣化できなかった子がしっかり勉強できるサービスであれば、大きなイノベーションが起こるのではないかと考えました。そのためには、従来の一方通行型の教育サービスではない、双方向的なコミュニケーションが活発におこなわれるライブストリーミング授業がよいと考えるに至ったんです。

――ユーザーである中高生は普段、学校の教室で授業を受けていますが、オンラインでのライブ授業をどう受けとめているのでしょうか?

学校の授業よりも「質問しやすい」とか、「発言しやすい」とかいう声が多いですね。そもそも日本の学校では、教員が壇上に立って一方的に指導するというスタイルが明治時代からつづいています。最近ではそのような指導法も改めたほうがよいのではないかという議論が起こっていますが、多くの生徒はそれに慣れてしまっているので、彼らが授業中に質問することはあまりないですよね。

これに対してオンライン授業の場合、スマホやタブレットをとおして自宅から授業を受けていますから、「学校的な空間」とは違うんです。学校では、「こんな質問をして全体の進行を止めたらどうしよう……」という遠慮や、「先生に質問したいけど、ここ分かっていないのは私だけかも……」という恥ずかしさがあるじゃないですか。それがオンラインになると、先生との距離感も変わりますし、匿名性などもよい方向に作用して、活発に質問する状況がうまれるのかなと感じています。

じっさいにアオイゼミでは、生徒たちは互いに活発なコミュニケーションを展開しています。たとえばライブ授業で利用できるスタンプ機能があるのですが、これは「わかった」とか「わからない」という、授業に対するリアクションがワンタップで、簡単にとれるようになっています。このような機能があるおかげか、授業中でも質問しやすい空気、コミュニケーションを取りやすい雰囲気が形成されていると思います。ほかの人の理解度もみながら、「あっ、これ質問しても大丈夫なんだ」と感じる受講生が多いのではないでしょうか。

――コミュニケーションが苦手な生徒でも参加しやすいので、学校にいけない子たちの〝受け皿〟としても需要がありそうですね。

たしかに、そのような子も一部います。ただアオイゼミの場合は、勉強したいから使うという理由も当然ありますが、アプリストアのレビューを見ても、「勉強が面白くなりました」という声や、「みんなと一緒に授業を受けるとやる気がでます」という声が多いんです。アオイゼミの場合、ほかのライブストリーミングサービスのように、自分も「参加している」という楽しみがあるのかもしれません。

――ひとりで授業を受けていても、みんなと一緒に勉強しているという意識をもつんですね。

よくある一方通行型の動画学習サービスは、参考書の置き換えかな、と思っています。結局、参考書であっても動画サービスであっても、中高生が机の前に座って、ひとりで勉強しているという姿は

変わっていないんですよね。もちろん動画になったことで、より理解しやすくなるということは多々ありますので、それはそれで素晴らしいことだとは思っています。

アオイゼミのライブ授業の場合は、これらと同じように机の前に座ってひとりで勉強してはいますが、画面の向こう側には、一緒に授業を受けている数千人の仲間たちがいるんです。全国に住む同じ学年の中高生が、リアルタイムで「わかった」とか「わからない」というリアクションをしていて、それをみながら「自分も頑張ろう」と感じたり、「みんなが「わかった」ってスタンプを投稿しているけど、自分はまだ理解できていない……」と焦ったり、逆に「他の人は「わからない」っていっているけど、自分にとっては余裕です」と優越感にひたれたりもします。このような「エモーショナル」な刺激があるのがよいことなのかな、と感じています。

――通常の学習塾と比べて、講師と生徒とのあいだにオンライン特有の距離感がうまれてしまう側面もあると思いますが、それにはどう対処されているのでしょうか?

アオイゼミでは、授業のほかにSNSもありますので、それを使ったコミュニティマネジメントをおこなっています。また、月に一回くらいの間隔で「オンラインホームルーム」を配信しています。これは何かというと、学校におけるホームルームの時間のように、ユーザーたちと私やスタッフが「最近どう? 勉強の悩みがあればアドバイスするよ」みたいな感じで、フランクな話をする時間になっています。ライブ授業のシステムを使っているので、生徒からの質問もダイレクトにきますし、アオイゼミに対する要望があれば、それを積極的に聞いています。もちろんユーザーの意見を鵜呑みにするということではないのですが、ユーザーの声をひろいあげて自分なりに咀嚼し、そこから仮説をたててよいものを採用することもあります。

またライブ授業内でも、生徒の反応をモニターできるように工夫しています。たとえば授業中に投稿されるスタンプやコメントの量や内容は、ユーザーの反応を知るうえでおおきな指針になります。これ以外にもライブストリーミング特有のコミュニケーションについても、社内でマニュアル化していたりもします。

――アオイゼミでは、国語や数学などの一般的な授業以外に、進路相談などにも力をいれていらっしゃいますよね。それは学ぶための動機づけの意味もあるんでしょうか?

そのとおりです。とくに中高生のキャリア教育を考えるうえで私が課題として感じていることは、彼らの「視野の狭さ」なんです。私は「知らない」ということが大きな損失になると思っていて、これに関しては少しでも視野をひろげるサポートができればと思っています。

じつは私自身、大学選びで後悔した経験があるんです。私は起業してから東京に来たのですが、私が卒業した地方大学と東京の大学とでは環境がまったく違うんですよ。アオイゼミで働くインターン生をみていて、すごく羨ましく感じる時があるんですよね……。彼らは東京という場所にいて、企業との距離も近くて、まわりにはいろんなタイプの人間がいるじゃないですか。これと比較すると、残念ながら地方では人口の問題もあるので、そのような刺激は少なくなります。

私は刺激が多い環境を好む性分だったのですが、高校生当時に、東京の大学に行くという選択肢を調べさえしませんでしたし、親もそれを知らなかったので、もし自分が大学の段階から東京にいたら、その後の人生はおおきく変わっていただろうな、と思っています。別に今の人生に後悔を感じているわけではありませんが、もう少し視野をひろくもっていれば、別の可能性もありえたわけですよね。

もちろん、東京の大学に入学することがよいと思っているわけではありません。そうではなく、「自分にあった進路えらび」ができるように視野をひろくもってほしい、という趣旨です。ともあれ以上のような考えがあって、私としてはアオイゼミをつうじて、大学の情報に限らず、いろんな職業を紹介してみたり、「お金の授業」をしてみたりと、さまざまなベクトルでの情報発信をしていければよいかなと思っています。

――すこし話が変わってしまうんですが、近年ではゲーミフィケーションを取りいれた教育が注目されています。石井さんとしては、それについてどうお考えですか？

アオイゼミでも近々実現できるかなと思っています。現状では、ゲーミフィケーション的な要素は取りいれていないのですが、今後はそれを導入し、より勉強が習慣化しやすい環境を構築したいと考えています。

ひとことでゲーミフィケーションといっても、これに関してはさまざまなアプローチがありますよね。連続ログインボーナスもそうでしょうし、なんらかのアクションにおうじてバッジを付与したり、あるいはユーザーランキングを設定したりとか、さまざまな要素を導入することが考えられます。これらはユーザーの様子をみつつ実装していく予定です。

――バッジで得意科目を可視化すれば、ユーザー間のコミュニケーションが活発になりそうですね。

それは面白いアイデアだと思います。なにを開発するにしても、私たちは数字があがらないことはやらない会社ですので、とにかく数字の裏づけが必要になります。もちろん、それは売上という「数字」だけではなく、ユーザーのコミュニケーションが活性化して勉強の継続率が伸びたという「数字」でもいいんですよ。

――現在、教材も動画配信システムも自社開発されていますよね。スタートの時点からそうだったのですか？

教材に関しては創業時より内製していますが、システムは創業当初は外注していました。二〇〇〇年ぐらいにeラーニングという言葉が登場しまして、「インターネットで勉強の仕方が変わる」といわれはじめた頃、学習システムを企業や学校向けに販売する開発会社がうまれたんです。私たちも当初はそのような開発会社が販売していたパッケージを流用しながらアオイゼミをはじめました。

ただし基本的には、eラーニング開発企業の提供している学習システムは、私たちがやりたいサービスからはほど遠いものだったんです。カスタマイズなども受け付けてくださっている会社だったのですが、私たちも起業当初はお金がなかったですし、エンジニアもいなかったので、システム開発をすることができませんでした。そのため少しずつ要望をだしたり、追加開発をお願いしたりしていましたが、結局のところ「このまま微修正を繰り返していても時間はかかるし、私たちのやりたいサービスは実現しない」と感じ、そこからシステムも自社開発することを決意しました。

――eラーニング開発企業に外注していた際の問題点は、どのようなものだったのですか？

eラーニングというのは、おもに企業の研修などで使われるものなんですね。そのため、受講者側に一定の圧力が加わることが前提となっているわけです。わかりやすくいえば、それは「このシステムを使って動画をちゃんとみなかったら、お給料はあがらないよ？」というようなプレッシャーだといえます。このような環境であれば、誰だって嫌でもそのプログラムを受講しますよね。このようにeラーニングとは「システムがあれば、使ってもらえる」という前提があるので、もともと「ユーザーにとって使いやすくなければダメだ」という発想が乏しいんです。私たちのサービスはそうではなくて、授業を受講していただかなければ会社が潰れてしまいますので、そもそもの出発点が違うといわざるをえません。

――アオイゼミでは講師、エンジニア、営業、それぞれのセクションのスタッフが緊密に連携しているそうですね。

私たちは「教育の格差をゼロにする」というミッションのもとで、チーム一丸となって進んでいこうというスタンスで仕事を進めています。アオイゼミには講師とエンジニアという、従来であれば経験も指向性もまったく異なるメンバーが集っていますが、目標が共有されているのでコラボレーションがうまれやすい環境が成立しています。

講師は勉強のノウハウをもっていますが、それを大多数に届けるシステムについては疎いでしょうし、エンジニアはそのシステムを構築する技術はもっていますが、教育上どう適切にコンテンツを届けるべきかを考える知見は乏しいわけです。そのため、さまざまな職種がコラボレーションし、結果的に、そこからまったく新しい機能が生まれたりもします。

たとえば、成績をあげるという目的でプロジェクトを立ちあげた場合、そのための機能追加を検討したり、ユーザーの継続率が改善したりするような工夫をしています。その際に、さまざまな職種の知見を結集させて、「子どもたちのニーズはどこにあるのか」を精査し、「このポイントを改善すれば成績が伸びるのではないか」と仮説を立てて、それを「実際伸びているね」というように検証サイクルをグルグルと回しています。職種が違っていても「成績をあげる」というゴールを全員で共有しているので、そこには「共通言語」があるんです。そのため、講師もエンジニアも営業も関係なく、みんなが社内で一緒に会話できているんだな、と思っています。

――講師からエンジニアまで、幅広い人材はどうやって集めたんですか？

私が心がけていることですが、誰かに会うたびに「よいエンジニアいないですか？」と言うようにしています。ことあるごとに「素敵な講師の知りあいはいないですか？」と言いつづける。そうすると、ふとした折にご紹介いただけたりします。初期の段階では、このようにスタッフを集めました。実際に言葉にしつづけていると、やりたいことは実現できると感じています。

――オンライン学習塾は、通える範囲に塾がないという教育の地域格差も解決できますね。

もちろんです。さきほどもお話ししましたが、私たちは「教育の格差をゼロにする」というのがミッションなんです。それはもちろん「経済格差」もそうですし、「地域格差」もそうです。あとは、教育あるいは進学に対する「キャリアへの意識」も違いますよね。これら三つの格差を「ゼロ」にしたいと思ってやっています。

私がメディアの取材で、あえて強調してお伝えしていることがあるのですが、それは「東京というエリアは日本のなかでは特殊な環境なので、参考にしないことが多い」という点です。たとえば地方の中学生であれば公立の高校に進学する、国公立大学に進学するっていうのが最大公約数的な勝ちパターンというか、褒められる姿なんですね。でも一方で、東京では私立の中高一貫校にかよう方も多いですし、そのままエスカレーターで大学に進学する方もいます。ただ、このような進路は地方ではかなり珍しいことだといえます。私たちは「教育の格差をゼロにする」ために、地方の生徒を対象にしていますから、拠点がある東京のことだけを見聞きしていると、日本の大多数である地方のことがみえなくなってしまうのではないかな、と懸念しながら情報を集めています。

――最後に、これからプロジェクトを立ちあげようとしている人に向けて、ひとこと頂けますか。

このインタビュー記事を読み終わったら、すぐ行動することをオススメします。優秀な人間とそうではない人間って、極論あんまり差がないのではないかなと思っています。自分も優秀な部類では決してないんですが、それでもこうして事業を継続しています。もし結果に差があるとしたら、やるか／やらないかの差なんですよ。「やらない理由」なんていくらでもつくれますが、それを考えすぎて諦めてしまうのであれば、「最初に行動をおこして詳細は後から考える」くらいでちょうどよいのかなと思っています。

これは私の個人的な発想で、従業員たちに押し付けることは絶対にしませんし、するつもりもないんですが、基本的に自分の「いのち」の価値は大して高く見積もっていないんですね。私は前職で生命保険の営業を行っていましたから、自分の「いのち」の価値は数百万円くらいではないかな、と考えています。そう考えると、自分をすごく小さく感じることができるんですよね。せっかく生きるのであれば、本当に自分がやりたいことのために命をかけて、世のなかが少しでもよくなるように行動したほうがよいと思います。

【メディア研究者のメモ】ライブ授業による「学び」と「コミュニティ」

Kindleを読む。Ｗｉｉスポーツをする。ＵＳＪでジョーズのアトラクションにいく――これらの行為に共通することは何だろうか。考えてもみれば、これらの行為はすべて、ぼくらの何らかの行為を技術的にシミュレート（模倣的に再現）したものといえる。

デジタル時代に突入して、じつにさまざまな行為が技術的にシミュレートされるようになった――紙の本を読む行為をシミュレートしてくれる電子書籍。テニスをプレイすることをシミュレートしてくれるＷｉｉスポーツ。あるいは、映画「ジョーズ」における登場人物の恐怖体験をシミュレートしてくれる、ＵＳＪにおける同名のアトラクション。そしてその延長で考えてみるならば、予備校に通うという行為でさえ、インターネット上で、ＩＣＴをもちいて技術的に補完される時代であるといえる。じっさいにアオイゼミの場合には、現実の学習塾をＷｅｂ上で再現するというアイデアを起点としながら、その参加型のオンライン教室が実現されているわけである。そして、そのような先進的な取り組みが「予備校」や「学校」をめぐる既存のイメージを組み替えつつあることは間違いないだろう。

ジョシュア・メイロウィッツによる有名な著作、『場所感の喪失――電子メディアが社会的行動に及ぼす影響』[1]を紐解いてみると、「電子メディアが私たちに影響を与えるのは、その内容によってというよりも、むしろそれが社会生活の「状況地理学」を変化させることによってなのである」と主張される。そう考えてみるならば、アオイゼミの授業において、そのネットをつうじたライブ配信という形式により、「教室」をめぐる状況地理学が変化しつつある、ともいえよう。

ぼく自身、とある大学で、事前録画したコンテンツを受講生が視聴する形式のインターネット授業を担当しているのだが、それと比べてみると、

（1）メイロウィッツ、ジョシュア『場所感の喪失――電子メディアが社会的行動に及ぼす影響』安川一・高山啓子・上谷香陽［訳］（新曜社、二〇〇三年）

アオイゼミがこだわる「ライブ配信」は非常に興味ぶかく感じられる。リアルタイムで配信されるネット授業と、それに紐づけられたタイムラインによって、インタラクティブなコミュニケーションが活性化され、そのメカニズムをつうじて生徒間の「仲間意識」、さらにはコミュニティが芽生える。石井さんはインタビューのなかで、従来の動画学習サービスは、参考書の置き換えだと語るが、たしかに彼が洞察するように、それだと机の前に座ってひとりで勉強している姿とまったく変わってないわけであり、そこからある種の共同性が形成される余地は乏しいように思われる。それに対してアオイゼミのライブ授業では、双方的かつ即時的なコミュニケーションの回路を経由して、受講生が画面の向こう側にいる何千人もの仲間を意識しながら学習する、という新たな状況性が発生するわけである。

アオイゼミのライブ授業は、Ustream、ニコニコ生放送などの台頭と並行して、ライブストリーミング技術の発展を前提に登場したものである。石井さんが言及するように、従来の動画学習サービスの場合、「いつでも見られる動画」は「いつでも見ない」。これに対して、アオイゼミのライブ授業の場合には、「いつでも見られる」ではなくて「今しか見られない」。だからこそ、オンライン上で「今」を共有する個々の受講生がむすびつき、そこからコミュニティを派生しうるわけだし、また、今しかみんなと一緒に見られない、今しか先生に質問できないという前提が生徒相互の切磋琢磨という帰結をもたらし、学習という目的に対して有効に機能する要素になりえている。それはまた、石井さんが語るように、中学生・高校生のエモーショナルなところに訴えるサービスともいえるのだ。

この、時間の共有を前提とする、逆にいえば、場所の共有を前提としないアオイゼミの授業は、受験勉強をめぐる新たな選択肢を子どもたちに提供するものといえる。石井さんは起業にあたって「衣食住にはさまざまな選択肢があるのに、どうして教育はこんなに選択肢が狭いんだろう」と感じた経験を述懐されているが、たしかに現在では、ぼくらが着るものや食べるもの、あるいは住むところには、ピンからキリまで無数の選択肢が用意されている。しかしこれに対して、教育の領域ではかならずしもそうとはいえない、という実情があったのである。また近年、インターネットの普及により、経済活動をめぐるさまざまな領域でのコストダウンが達成されているのに対して、教育はまったくその恩恵にあずかることができていなかったと石井さんは指摘している。アオイゼミが構築するシステムは、教育をめぐる地域格差を是正するという点のみならず、同時に、経済格差を乗り越えるという点でも、社会的に意義のある試みといえよう。

（松本健太郎）

第三章　子どもたちに未来を考えるきっかけを届けたい

だから**カタリバ**をつくる

◉今村久美氏

岐阜県に生まれ、慶應義塾大学環境情報学部を卒業する。自身の就職活動の経験から、早い段階で将来について真剣に考えるきっかけがあれば、その後の生活をもっと充実させることができるかもしれないと考えるようになる。そこで高校生が進路や将来を考えるきっかけを提供するために、少し年上の先輩たちとコミュニケーションできる場をつくることを目的として、二〇〇一年にNPO法人カタリバを設立する。同年、高校生のためのキャリア学習プログラム「カタリ場」を開始し、二〇〇六年に法人格を取得。そのプログラムを全国約一三〇〇の高校、約二二万人の高校生に提供してきた。また、東日本大震災後に宮城県女川町、岩手県大槌町にて学習支援をおこなうコラボ・スクールを展開している。

二〇〇八年に「日経ウーマン・オブ・ザ・イヤー」、二〇〇九年に内閣府「女性のチャレンジ賞」を受賞する。二〇一〇年には『「カタリバ」という授業』（上阪徹、英治出版）が出版され、大きな反響をよんだ。

◉カタリ場

高校生の進路に対する意識や意欲を高めることを目的とした「対話型動機付けキャリア学習プログラム」である。キャストと呼ばれる大学生や社会人のボランティアスタッフが主体となり、一回あたり一〇〇～一五〇分程度の授業を実施する。生徒とキャストが、親でも先生でも友達でもない、「ナナメの関係」にもとづいてコミュニケーションをとることで、主体的な生き方を構想するきっかけをつくりだす。

高校生の自発性を引きだすために、生徒が無意識に考えていることや漠然と感じている不安などを引き出しながら、生徒の自己理解を促す（チェッキング）といった手法や、キャストがそれまでどのような生き方をしてきて、何を大切にしているのかを本人から聞く（サンプリング）といった手法を採用している。これらの学習プログラムは「社会的な関係的資産」（ソーシャルキャピタル）を維持するためのサービスのデザインであるとして、二〇一〇年度にはグッドデザイン賞（身体領域‐個人向けのサービスシステム）を受賞している。

学生による一言コメント

「いま教育に対するニーズは多様化している。だからこそ、そこには教育的課題、つまりはプロジェクトの種が隠れていると思う」。

［カタリバHP］

――「カタリ場」を始めて、NPOが高校という現場に参入するにあたって苦労されたことはありますか？

前提としていえば、教職免許をもたない人々との関わりを学校側が設定することは、戦後六〇年以上も維持されてきた「教育」の聖域を壊すことにもなりかねません。

もちろん小学校は、これまでも見守り活動による子どもたちの登下校サポートなど、地域の方々とさまざまな関係を結んできたことは確かです。他方で中学校についても、運営自治会やコミュニティスクール(1)などの場をつうじて、教職免許をもたない人々による関与を推進したこともあります。ただ、私がカタリバを立ちあげてからの一五年間は、高校と地域との関わりは、ほとんどなかったんです。その要因の一つに、大学入試の存在があると私は考えています。

たとえば早稲田大学を例にあげると、その入試では多くの場合、マークシート方式での回答が求められるわけですが、当然ですが合格のためには記憶中心の、いってみれば「詰め込み式」の受験勉強が不可欠になります。このように受験者の総数が多い有名大学がそのような受験方式を採用していれば、高校としてはそれに適合するような指導方法を採用せざるをえませんよね。つまり学校という場所が社会と関わりをもつことよりも、むしろ知識をいかに詰め込むかという教育方針に傾倒している――すくなくとも日本では、ながらくそのような教育プログラムが主流だったんです。

ただしそのような状況も、最近では急速に変わりつつあります。現在、私は中央教育審議会(2)の教育課程部会の委員として、学習指導要領に明記する内容を検討しています。そこでは「社会に開かれた指導要領」あるいは「社会に開かれた教育課程」をコンセプトとして、高校教育をもういちど見直そうという動きがあるんです。ようは高校という場所を、もっと社会にひらいていこうということを、戦後はじめて中央教育審議会が掲げた、ということになります。もちろん今はまだ議論の途中なのですが、これから本格化するんじゃないかな……。

もちろん学校と関わっていくとか、学校に入っていくとか、そういうことに対して、教員サイドとバランスを取りながらお互いの役割を分担するなど、実際に参入す

(1)　公立学校に保護者や地域住民が直接参画し、運営の一部を任せる形態の学校。

(2)　文部科学省に置かれている審議会。文部科学大臣の諮問におうじて、教育の振興、生涯学習の推進、スポーツの振興などに関する重要事項について調査審議し、また大臣に建議する。

るにはいくつもの壁を越える必要があると思います。

――カタリバでは現在、高校のみならず大学や企業に向けたプログラムを実施されているということですが、それはどのようなものなのでしょうか？

カタリバでは、大学生や社会人にボランティアを呼びかけて、年長者が高校生を相手にみずからを語り、高校生のやる気を引きだす役割を担ってもらおうとしています。それは、たとえば大学の初年次教育や企業研修の一環としておこなわれることもあります。そしてそれはボランティアにとっては、リーダーシップ獲得のための機会にもなりえるのです。

みずからの経験を高校生にむけて語るボランティアのことを、わたしたちは「キャスト」と呼んでいます。キャスト向けに行っている研修は企業研修の一環としても少しずつ認知されはじめています。

――具体的には、キャストはどういった研修をするのですか？　また、そうした研修の受注が増えている理由もお聞かせください。

キャストになる大学生や社会人むけの研修では、「リフレクション」と「スキル」の二段階でのプログラムが用意されています。まずキャストにとって必要なことは、事前のアンケートをみながら、これから語りかける相手となる高校生を想像することです。そしてそのうえで、自分の経験のなかから何を高校生につたえたら効果的なのかを、それぞれが徹底的に考えぬくことになります。

さらに次の段階として、一〇分または一五分ほどの短い時間のなかで、自分の伝えたいことを要約して、ひとつのメッセージにまとめあげていく。もちろん、その際にストーリーをつくっておかないと、うまく相手に伝わりません。自らの体験のなかで失敗したこと、あるいは苦労したことを含めて、キャスト自身がこれまで何を経験してきて、それについて何を感じてきたのかを、心の動きもふくめて話すためのスキルトレーニングをします。これって大学生のキャストにとっては、けっこう大変な作業だったりするんですよね。

高校生を対象に自己を語るカタリバのプログラムは、大学でも企業でも人気を獲得しつつあります。じっさいに最近では受注が増加していますが、その最大の理由はプログラムの難易度が高いことにあります。社会人にもなれば、どんな役職のひとも自社の商品に関するプレゼンはうまくできるんですよ。たとえば統計データを駆使して、それを魅力的に伝えることはできるでしょう。これに対してカタリバのプログラムでは、ふだん接することのない高校生を相手に、彼らの心に響くようなコミュニケーションを設計しないといけない――これって、とても難しいことです。

高校生は空気を読むなんてことはしないので、「このおっさん、ウザイんだけど！」とか平気で言いだすわけですよ。なので、じっさいに思っていない言葉をならべるだけの営業モードだと、子どもたちの心には絶対に届かないんです。

――現在、カタリ場は日本全国で開催されているようですが、都市と地方の子どもたちを比較してみたときに、なにか違いを感じることはありましたか？

都市と地方とで教育における選択肢が違うところは、おおきな問題なのではないでしょうか。たとえば塾を選ぶにしても、圧倒的に選択肢が多いのは都市です。基礎学力が職業選択の幅に関係してしまう現状を考えれば、都市圏に住む子どもたちは有利な状況におかれているといえるかもしれません。

しかしその一方で、地方に住む子どもたちのほうが人間性や社会性の面で優れていると感じることも多々あります。たとえば東北でプロジェクトをすすめていくと、そこで接する子どもたちは、「東京の子どもたちよりも分かってるなぁ」と思うこともしばしばあるんです。

まず、東京の子どもたちは、地縁や血縁に関する意識が希薄というか、自分が住んでいるまわりの環境を知らないことが多いんですよね。これに対して、地方の子どもたちは、大家族で暮らしていたり、近所づきあいが濃かったり、誰かとあったら挨拶するとか、「おすそわけ」をする文化があったりとか、そういう生活のなかに生きています。だから、所得や学力では数値化できないような価値観を、東京のマンション暮らしの子よりも、地方の子たちのほうが知っているし、体感しているような気がしています。

あと、東京での暮らしにはない自然環境もじつは侮れないな、と思っています。たとえば東京で買えるものはだいたいアマゾンで買えるけど、おたまじゃくしのいる環境はネット通販では買えないですよね。だから東京のお母さんたちは、何万円もの金額を払って、子どもを自然体験学習へつれていき、体験を買うことになります。なぜって、お受験の面接のときに、「キャンプに行きました」とか「田んぼに入りました」とかいって、みずからの経験を相手にアピールできるようにね。

こんなふうに考えてみると、都市と地方とを同じ基準で比較するのは難しい……。高所得にたどりつくためのキャリアで考えると、それは都市部の子どものほうが環境的には有利だと思います。でも「ライフキャリア」でもいうのかな、「豊かに生きていく心」を育てるっていう意味では、やっぱり地方の子どものほうが良い状況のなかを生きているような気もしています。

わたしはいま、島根県の現場をまわっているんですが、そこに自分の子どもを連れていくとすごく喜んです。トンボを追いかけたり、たくさんの星を見たりして……。そういう子どもの姿をみると、都市と地方、どっちが良いとか一概には言えないな、とますます思います。私の理想としては、地方に暮らしながらも、グローバルな視野と、どこでも通用する能力を兼ねそなえる、そういう人材を育てるのがベストなんじゃないかな、と思っています。

――つづいてコラボ・スクールについてお聞きしますが、それをはじめようとしたきっかけを教えてください。

コラボ・スクールは東日本大震災の切迫した状況のなかで、「子どもの居場所」が必要だと感じて立ちあげたものです。あのときは本当に特殊な状況で、私がＮＰＯを立ちあげて以来、まったく経験したことがないような寄付市場の動きがあったんです。もちろん震災当時、衣料品や食料などの緊急支援も不可欠ではありましたが、全国から集められた多額の寄付金をそれだけに費やしてはいけない――当時そんなふうな考えが私にはありました。というのも震災後しばらくすると、もっと大きな課題が浮かびあがってくるだろう、と予想したからです。

たとえば阪神淡路大震災のときには、神戸市の自殺率は震災から五年後がもっとも高かったといわれています。もちろん、この震災は被災エリアが都市部だったり、また、物理的な被害は比較的小規模だったりして、復興そのものは迅速におこなわれたんですが、その反面で、被災者の心痛はその後もながらく消えなかったんですね。とくに大切な人をなくした遺族にとっては、それは経済的なサポートでどうにかなるような問題ではありませんでした。

東日本大震災が起きて、そのあと現地を調査するなかで、私としてはずっと、家族をうしなった子どもたちの気持ちが気がかりでした――その子たちの心の痛みはずっと強く残るだろう、と思ったんです。仕方がないことですが、発災からしばらくは、おおくの大人たちは生活の再建で手一杯でしたし、教育関係者は学校の再建で手一杯でした。ひとことでいえば、ケアが必要な子どもたちが目の前にいても、当時はそれどころじゃない、という状況があったんです。

付け加えておくと、おしよせる支援活動が子どもたちを苦しめていた、という皮肉な状況もありました。当時、被災地の状況がマスメディアをつうじて大々的にとりあげられたことで、多くの人々が関心を寄せ、芸能人やスポーツ選手が大挙して現地を訪れました。それからの二年間ほど、多くの著名人が現地の学校を訪問し、子どもたちが何度「ありがとうの手紙」を書かされたかわからない。それ以外にも、単発で現地を訪れるボランティア団体や学生団体なんかも、当然ですが自分たちの達成感が欲しいわけなんです。それで写真を撮って、あれしてこれして、という状況がつづくなかで、だんだんと子どもたちが疲弊していったように思えました。

　あのとき子どもたちにとって本当に必要だったのは、「一過性の非日常」ではなく、「続く日常」だったんです。それまで私たちはカタリ場をつうじて、学校に「刺激的な外部」あるいは「刺激的な非日常」をとどけるべく、それを信じて長いこと活動をしてきました。ただ、東北の状況を目のあたりにして、それとは逆に、子どもたちに「日常」を、つまり「子どもの居場所」をつくろうと考えた――「コラボ・スクール」という、子どもたちが安心して通うことができて、毎日あたりまえのように同じ大人にあえて、自分の意志で自分の思いを伝えられる環境を彼らの日常に戻してあげたかったんです。

――コラボ・スクールの運営をめぐっては、どのような課題がありましたか？

　それまでカタリバは学習支援をしたことがなかったですし、たとえば一年間かそれ以上、現地の方々を雇用して働いてもらうという形態は、職員をのぞけばなかったんです。なので、当初はさまざまな問題が浮上しました。

　たとえば最初、女川町で塾をやっていた方を一三人採用しました。とにかくその人たちに会いにいって、協力をしてくださいと申し入れたわけです。わたしのほうは寄付をあつめ、それをもとに、その人たちに給与をお支払いする、という形態を構想していました。もともとボランティアだと実現が難しいと思ったのでそのような雇用形態にして、その方々に対しては、「子どもたちに必要だと思う教育支援をしてください」とお伝えしました。

　ただ、その一年目の試みは残念ながら失敗におわりました。じっさい教育モデルの構築を云々する以前の話だったんですよ……。そもそも塾の先生方は、それぞれに想いをもってお仕事をなさっていて、それまでは雇用される経験のない方も多くいらっしゃいます。一年目はなんとか教育のための場所をつくり、スタッフとして現地の人に協力を依頼したわけですが、それがうまく機能しなかったので、二年目は徹底的にその形態を見直しました――やっぱりチームとしてやらなきゃだめだな、と思ったんです。

　コラボ・スクールのコンセプトは「大人たちのコラボレーションが子どもたちを支える」というものです。そして当時そのチーム作りのために、方向転換の意志を明確化する必要がありました。だから私はつぎのように言ったんです――「これからの二年目は、目的に優先順位をつけたいと思います。いちばんの目的は子どもたち

に安心と成長の場を提供することです。その志と、カタリバのスタンスを理解していただきながら、一緒にやっていける人だけここに残ってください」と。結果、大きく体制を変えることになりましたが、コラボ・スクールは今年で六年目を向かえ、地域に根付いた活動をおこなっています。

――マイプロジェクトについてお聞きしたいと思います。それは、どのような思いをもって立ちあげられたのでしょうか。

子どもたちの学習を支える、あるいは居場所を提供する――そういった活動ももちろん重要です。でも、それだけじゃなくて「いったいどうやったら、現地の子どもたちに実力をつけさせる教育ができるんだろう」と、しだいに考えるようになりました。そこで構想されたのが「マイプロジェクト」なんです。

大槌町でのマイプロジェクトは、二〇一一年一二月に現地でコラボ・スクールを立ちあげたことが出発点になっています。二〇一二年の段階では、ボランティアの人と現地雇用の人と、私をふくめて合計三人ですべてを切り盛りしていました。ひとりのスタッフで一〇〇人の子どもの面倒をみなければならない状態だったんです。しかもボランティアの人も、一週間ごとに入れかわるということで、運営がほんとうに大変でした。

そのような状況のなかで、わたしもクラスを受けもっていたんですが、そのときの子どもたちの発言が私たちにとっては転機になりました――「自分も地元のために何かやりたい。カタリバの人たちって、自分たちのためにいろいろやってくれている。こんどは自分も誰かのために何かをしたいんです」ってね。そのとき、私としては「機が熟した」とも思いましたし、また、これでカタリバの本来のプロジェクトに近いことができるとも感じました。そして子どもたちの意欲を活かすために、まちのことを考える、さらには、そこから自分のことを考えるって経験をPBL（プロジェクト・ベースド・ラーニング）としてプログラム化しようとしました――それがマイプロジェクト創設のきっかけだったです。

子どもたちにとって、自分のすんでいる地元を知る経験って、とても大切だと思うんです。地方の子どもたちの多くは都会の暮らしに憧れをもっていますが、その子たちが大人になり、地元の良さをしったうえで都会にでているのかといえば、じつはそうじゃないんですよね。もちろん「地元に残れ」と強制することではありませんが、きちんと地元の文化や、その魅力を理解したうえで都会にでていってほしいと願っています。そうすれば大学卒業時や、あるいはその後の転職時に、その地元への理解や愛着を基盤に、みずからのライフステージのなかで地元へ戻る選択をするとか、あるいは仕事をつうじて地元にかかわるとか、そういった選択肢が人生のなかで増えるかもしれません。

――そのようにして立ちあがったマイプロジェクトを、全国規模の「マイプロジェクトアワード」へと拡大した経緯について教えてください。

当初、マイプロジェクトアワードを創設した目的としては、大槌町の子どもたちに他流試合の機会をつくりたい、ということがありました。「大会があるよ」ってなれば、彼らがもっとマイプロジェクトをがんばるだろうと思ったからなんですね。

とはいえ「全国大会」と銘打ちながら、初年度は一二チームしか出てなくて、そのうちの七チームが大槌町のチームでした。あとはゲストとして、なにかやってる高校生たちを大槌町のために公募して、とにかく小規模ながらも「マイプロジェクトアワード」を形にしたわけです。

でもそのときに、震災を経験したかどうかにかかわらず、「郷土のことを真剣に考えたい」っていう子どもが各地にいることを実感して、二年目からは大槌の子だけを主役にするのではなくて、ちゃんとした公募でチームを全国から集めることにしたんですね。そうしたら、二〇一四年には三〇チームくらい集まって、さらに二〇一五年には一五〇チームくらい集まったんです。その背景には、私たちみたいに地域を支えている人たちが横で繋がっていった、ということがあります。同じ業界だけど、お互い一種の「ライバル」みたいなものなので、従来はなかなか「繋がる機会」がありませんでした。ですが、震災を機に私の価値観はガラリと変わって、「これをみんなでやっていかないと日本中には届かないな」って感じるようになったんです。

カタリバは、日本中の子どもたちにプロジェクトの機会をつくろうと思ってやっています。マイプロジェクトは、当初はＮＰＯカタリバ主催って明記していたんですけど、最近はマイプロジェクト実行委員会主催ってことにしていて、いろんな団体の名前を連ねてみんなで大会運営をする、という形態をとっています。そうすることによって、大人たちが互いに繋がって、それぞれが地元に戻ったときにがんばれるんです。

社会貢献とか、ＰＢＬの価値とかいわれても、高校生にとっては実感がわかないことが多い。良い大学に入るために勉強するっていうのが普通の高校生のあり方なんです。でも、大人たちが繋がって、そうしたＰＢＬ的な学習をサポートする過程があってはじめて、その意味が高校生のなかで理解されはじめていると感じています。

――最後に、これからプロジェクトを立ちあげようとしている人に向けて、ひとこと頂けますか。

「マイプロジェクト」っていうのを、みんながもった方がいいと思うんですよね。マイプロジェクトっていうのは、別に壮大なプロジェクトのことをいっているわけではありません。「オーナーシップ」って言葉がありますが、自分がとりくみたいと思っている課題に、主体的にとりくめているかどうかが大切だと思うんです。もちろんどんな仕事でも「ちょっとやだな」とか、「めんどくさいな」とかって思うことはあるでしょう。でもそんなときにオーナーシップをもって課題にとりくむことで、絶対そこからえられるものがあるはずです。誰かに与えられた仕事でも、オーナーシップをもって、それをマイプロジェクトだと思ってとりくむことによって、その仕事の価値とか、その仕事が終わったときにみえてくる風景とか、その仕事を通じて出会った人たちとの人間関係とか、以前とは違ってくるはずです。だから私は、マイプロジェクトを「哲学」として大切にしています。大人がマイプロジェクトをもっていると、子どもたちは必然的にその大人に憧れます。そんなふうにありたいなって思える大人たちが増えていくために、まずは私たちがマイプロジェクトをもちましょう。

【メディア研究者のメモ】マイプロジェクトをもつことの意味

　今村さんへのインタビューを終えてふと思ったのは、彼女の話を学生たちがどんな気持ちで聞いたのだろうか、ということである。ぼくが教鞭をとり、インタビュアーである学生たちが在籍する二松學舍大学は、過去にたくさんの国語科教員を輩出してきた。もちろん今でも教職免許を取得するために勉学に励む学生は多く、今回メインインタビュアーをつとめた白土君もそのひとりである。

　ちなみに白土君の場合、もともと御両親が学校の先生だったそうで、自身も教員になるために二松學舍大学に入学したのだが、その学生生活は一本道ではなかったようである。彼の場合一九歳から二三歳まで大手の芸能事務所に所属し、お笑い芸人として活動した時期もあった。そのために大学を休学し、いまが二五歳という、他のメンバーからするとちょっと年長者としての立場で今回の出版プロジェクトに参加している。

　二松學舍大学で教えていると、じつは教職課程を目指しながらも、途中で将来のヴィジョンがかわり、その道をあきらめる学生が一定数いることに気づく。もちろん怠惰な生活を積みあげてドロップアウトしてしまう者もいるだろうが、なかには、学校教育へみずからの未来を託すことに躊躇いを覚えてその選択をする者もいるように思われる。そしてその一因には、教育をめぐる先行きの不透明性があるのではないか、と個人的には感じたりもする。

　「教育」をめぐる変化の波は、大学にも確実におしよせつつある。今村さんは「社会に開かれた教育」というコンセプトに言及されていたが、それは近年、大学教育の現場でも強く意識されつつあって、じっさいに地域連携や社会貢献を企図するＰＢＬは、おおくの大学で試行されつつある。ぼくらのゼミナールでも学生主体型のＰＢＬを意識しながら、過去には沖縄県の瀬底島で「学生映画コンテスト[1]」を開催したり、あるいは岡山県の倉敷市で「体感型推理ゲーム　刑部大輔の事件簿[2]」を上演したりしてきたが、それらの事例を含めて「教育」と「社会」の接点は、現在では小学校から大学まで、教育をめぐる各段階で意識されつつある課題なのかもしれない。

　「所得や学力では数値化できないような価値観を、東京のマンション暮らしの子よりも、地方の子たちのほうが知っているし、体感しているような気がします」――今村さんはインタビュー中、そのような感想を述懐されている。そして彼女は、都会よりも濃密な地縁関係（たとえば金銭を媒介しない「おすそわけ」や「近所づきあい」の文化）が残存する東北の地域社会に目を向けながら、

偏差値に還元することのできない、現地の子どもたちの社会的能力について語るのである。

今村さんは「子どもの学力を塾が育てている部分が現実としてあることは否定できない」と指摘し、必要におうじて「コラボ・スクール」のような、被災地の子どもたちの基礎学力をサポートするような活動を展開しながらも、他方では「詰め込み式」の学習とは対極に位置するような教育プログラム（具体的には「カタリ場」や「マイプロジェクト」）を地方から発信されている。それは「社会に開かれた教育」の具体的実践として、子どもたちが他者と向き合う力を、あるいは社会を想像する力をはぐくむことに資するだろう。

他者と向き合い、社会を想像する力——それはSNSが発達し、繋がりたい人と選択的につながることが容易になった今の状況にあって（言い換えれば、趣味や関心によって細分化された同質性の高い情報世界が「タコツボ」のように林立する現状にあって）、逆にその必要性が認識されるべき能力だといえるのではないだろうか。カタリ場をつうじて、キャストとして「相手となる高校生を想像する」。あるいはコラボ・スクールをつうじて、「毎日あたりまえのように同じ大人にあえて、自分の意志で自分の思いを伝えられる環境」をつくる。さらにはマイプロジェクトをつうじて、子どもたちのために「他流試合の機会」をつくる——これら今村さんがつくりだすコミュニケーションの場は、いまの教育に必要とされるものを意識するうえできわめて示唆的だといえる。

教育のあり方も、そして社会のあり方も、今後ますます変化していくことだろう。そのようなリキッドに流動する社会のなかで、「自らの人生を自らデザインする力」をもつことは、ますます難しくなりつつあるのかもしれない。だからこそ、他者とのかかわりのなかで、あるいは社会とのかかわりのなかで、自らのマイプロジェクトをみつけ、それに打ち込むという体験は、その後の人生を考えたときにおおきな意味をもつといえるだろう。

ちなみに白土君はその後、今村さんの話に刺激をうけたのか、将来の目標として絵本作家をめざしたいと話してくれた。過去に経験したこと、他者から影響を受けたことをベースに、いまの彼のマイプロジェクトがそのようなかたちで結像しつつあることは、僕にとっても嬉しく感じられる。

（松本健太郎）

（1）松本ゼミナールでは二松學舍大学の教育改革プロジェクトの一環として、二〇一四年九月に沖縄県本部町で「学生映画コンテストｉｎ瀬底島――想像を創造する場所」を開催した。これは「学生たちがニュースバリューのあるコンテンツをつくり、それを大学広報の資源として転用する」というコンセプトのもとで、大学における教育と広報とを連動させる実験的な試みだったといえる。詳細は松本健太郎および鈴木信子による論文「学生映画コンテストｉｎ瀬底島――ＰＢＬと大学広報とを連携させる試み」を参照のこと（小田隆治編『大学におけるアクティブラーニングの現在――学生主体型授業実践集』ナカニシヤ出版、二〇一六に所収）。

（2）松本ゼミナールでは、二松學舍大学の江藤茂博教授および山口直孝教授のゼミナールと連携しつつ、岡山県倉敷市において体感型推理ゲーム「刑部大輔の事件簿」（監督・脚本：飯塚貴彦）を上演した。これは岡山県で開催される「巡・金田一耕助の小径」の一環として、横溝正史の世界観を反映する二次創作的なコンテンツを学生主導で制作し、現地を訪れるファンに披露するものであった。本イベントは朝日新聞や山陽新聞など、複数の地元メディアでとりあげられた。

第2部

メディアをつくって地域社会を変える

第四章　復興をめぐる文脈を変えたい
だから東北復興新聞をつくる

◉本間勇輝氏

東京都出身。立教大学を卒業後、富士通（株）をへて、二〇〇五年に株式会社ロケーションバリューの創業にたずさわる。その後、取締役COOに就任、のちに同社をNTTドコモへ売却。

二〇〇九年同社退社後、同年一二月から約二年間、妻である本間美和と世界中を旅する。旅先で実施したさまざまな社会貢献活動を実施し、帰国後に『ソーシャルトラベル 旅ときどき社会貢献。』（二〇一二、U-CAN）を執筆。読売新聞の書評に取りあげられるなど、注目を集めた。

二〇一一年一〇月に帰国した後、ソーシャルセクターのコミュニケーション支援をおこなうNPO法人HUGを設立し、代表理事に就任。二〇一二年一月には、東日本大震災からの復興に携わる人のための業界紙として『東北復興新聞』を創刊、二〇一三年七月には食べもの付き情報誌『東北食べる通信』を発行する。

著書は、上記のほかに『3 years 復興の現場から、希望と愛をこめて』（二〇一四、A-WORKS）がある。

東北復興新聞

第1号

第3次補正予算

震災復興対策費に 9兆2438億円

具体的な復興へ一歩前進

被災者雇用で仮設住宅運営

◉東北復興新聞

NPO法人HUGから発行される、東日本大震災からの復興を情報面から支援することを目的とした「業界紙」である。被災地内外の情報を整理し、東北三県の自治体、被災した事業者、被災地外から支援をおこなう支援企業、復興庁などの関係省庁をつなぐことを目的としている。編集長は妻の本間美和氏で、勇輝氏本人も記者として運営にたずさわっている。発行部数は二〇一四年には約四〇〇〇部になっている。時を経るごとに変化していく被災地の課題をふまえて、紙面発行は二〇一五年に停止し、現在ではウェブによる情報発信にシフトして活動を継続している。コンセプトは「よき事例の共有」であり、また、「震災前よりいい東北」をキーワードとしながら、各地が取りくんでいる同じような課題に対して、その解決につながるヒントとなる情報を発信している。

学生による一言コメント

「日々課題が変わっていく被災地で、ほんとうに必要とされる情報を探しだして発信し、共有する。それはどのプロジェクトでも必要とされる力なんじゃないかな」。

[東北復興新聞 HP]

――東北復興新聞を始めようと思ったきっかけについて、お聞かせください。

ぼくは震災から半年以上すぎた頃にはじめて東北の地を踏んだのですが、そのとき幸いなことに、現地のプレイヤーの方々に話を聞く機会がありました。この「プレイヤー」というのは、被災者を指すというよりも、むしろNPOの方や行政の方、被災事業者の方などを指す言葉です。現地でヒアリングをしてみてわかったことは、じつは復興に関して、隣の浜、隣の町、隣の県でやっていることが情報として入ってこないということ。つまり復興に関する情報を共有することが課題だと思ったんです。それじゃあ、その情報の橋渡しをしようということで、「東北復興新聞」というメディアを新たに立ちあげることにしました。

――東北復興新聞をプレイヤーに向けた新聞にしたのはなぜですか？

震災などで人が亡くなり、家が流されても、地域の姿って未来にむかってどんどん変わっていきますよね。当然ですが時間の経過にしたがって、生活も変わっていくわけですし、また、現地のプレイヤーにとっては課題も変わっていくわけなんです。

震災直後を振り返ると、現地では情報網が寸断されていたこともあり、大きな混乱が生じました。過去に例のないような災害だったので、どうしていいかわからなかったんでしょうね。でもしばらくすると、被災自治体のすべてが同様の被害を受けていて――たとえば家が流されたとか、漁にでれなくなったとか――それぞれの課題が近い、ということがわかったんですよ。その課題解決のための情報って、東京の人に伝えるべきものではなく、東北のプレイヤーに伝えるべきことですよね。現地でそのことに気づいたんです。じっさいにアクションする人の事例やノウハウのような情報に価値がある、ということがみえてきました。

ただ、じっさいに東北復興新聞をやろうと思ってから気づいたのは、プレイヤーって東北の人だけじゃないな、ということです。「東京とか全国とかに、こういう情報が欲しいって人はもっといるよね」と思ってみえてきたのが、総務省や復興庁の人とか、あるいは、ボランティアをしていた企業の人とかだったんです。じつは彼らの多くが「なんとか泥かきは終わったけど、つぎなにをすればいいのかわからない」って感じてたんですよね。つまり隣の町、隣の県の事例を知って、つぎの課題になりうることを知りたがっていた。なので、東北復興新聞の重要なターゲットとして、東京から、あるいは全国から、東北の復興に携わろうとしている人たちも含めることにしました。

——事例を発信していくためのメディアとして新聞という形式を選んだことに、何か意図はあったのでしょうか？

何かをはじめるときには「メタファー」があると便利だと思います。たとえば「テレビ」っていったら、みんなテレビって何かわかるじゃないですか。逆にまったく新しいものをゼロから作ろうとすると、説明がとても大変になるんです。震災の被害は東北全域にひろがっていて、各地にいちいちプレゼンに行くわけにもいかないですよね。だから「新聞」という、説明不要の形式を採用した。

ネーミングに関しては、たとえば「明日の希望へがんばろう新聞」でもよかったと思います。でもそれだと、ぼくらが欲する世界観を反映したものにはなりえなかった。ぼくらは、被災地のどの地域にもいえるそれぞれの課題をプレイヤーへ伝えるような、フォーマルなイメージの新聞にしたかった。そこで、あえて「東北復興新聞」という名前にしたんです——外見も内容も「あ、新聞だよね」っていうデザインにしたかった、というのがひとつです。

もうひとつ、当時すでに情報をえる媒体といえばインターネットが主流になりつつありましたが、ぼくらはあえて紙媒体、つまり新聞という形式にこだわりました。ネットの情報はSNSをつうじて拡散されやすいっていう特性があるように、新聞は物理的に存在する「モノ」という側面があるので、届いたらいちおう誰もが手にはとってくれますよね。ぼくはもともと東北に土地勘もネットワークもないまったくの部外者だったので、プレイヤーに読んでもらえるものを作るにあたって、情報をプッシュで届けることができるメディアを選んだんです。

——本間さんからみて、震災を機に、東北の方々にはどのような変化があったのでしょうか。

「クリエイティブスペース」という言葉についての議論が震災後にあったんですよ。災害などで生活環境におおきな変化があったとき、そこにはクリエイティブなスペース、つまり「まったく新しいものが生まれる空間」がもたらされる。日本でいうと戦後もそうだし、関東大震災後もそうです。今回の東日本大震災も、かならず教科書に載るような出来事、歴史ですよ。そしてじっさいのところ、その後には間違いなくクリエイティブなスペースが生まれたと思います。

たとえば津波で被災したある漁村。もともとは「六〇歳以下発言権なし」みたいな、すっごい閉鎖的な、長老たちがすべてを仕切るみたいな村も多かったと聞いています。それが震災を境に、ご高齢の方々がいい意味で「さじを投げた」。どんどんと若い世代に任せていこうって動きが各地で生まれたんです。これってクリエイティブスペースが生まれたっていうひとつの例だと思うんです。

東京にいた面白い人がどんどん東北でNPOを立ちあげるとか、震災がなかったらそんなこと絶対ないじゃないですか。そういうのが、ひとりやふたりじゃないんですよ。多くの人が交流し、混じりあいながら新しいことやってるのが今の東北で、その中心に多くの若者たちがいます。

――具体的に、若い世代にはどのような動きがあったのでしょうか。

多感な一〇代のときに被災した子どもたちがいっぱいます。もちろんそれがトラウマになってネガティブな効果がでる人もいますが、その一方でポジティブな効果がでる人もいると確信しています。東北復興新聞でも取りあげた語り部の高校生の子とか、新しいアクションがどんどんでてきているんです。あとは、もちろん政府の支援もありますが、二年間で数百人の起業家が生まれているんですよ、東北だけで！　それだけ新しい動きをうみだす「うねり」が東北各地で起きている。

付け加えるなら、これはちょっと個人的な印象もあるので、あくまでも統計的なものじゃなくて感覚的なものですけど、高校生のアクションも福島がちょっと多いと思います。福島の原子力災害の影響は今もつづいており、非常に難しい課題を抱えつづけています。もう絶対に地元には帰れないって烙印を押されてしまった方もいます。ではそのなかでどう生きていけばいいのか。ひとつの答えなんてありません。アイデンティティを問いなおす人も多かったです。「まちって何だろう？」「幸せってなんだろう？」「人生どうしよう？」といった問題にとくに向きあわなければいけなかったのが、福島だと思います。そういった背景もあってか、関心が教育に向かう人が多い印象です。百年先もわかんない、でも未来を創っていくし、諦めないっていう人が一定数いて、その人たちは教育をつうじて未来を子どもたちに託そうとしているんです。彼らが向きあっているものの「深さ」と「リアリティ」は、今でもぼくは自分が理解したり評価したりするなんてできないものだと思っています。

――じっさいに現地で「無機質な人脈」ではない、「心の通ったネットワーク」をつくるために気をつけたことってなんでしょうか？

たしかに「ネットワーク」という言葉は難しくて、心が通っているものとそうでないものがあるような気がしています。これはインタビューするとか記事を書くこととは無関係の問題だと思っていて、むしろ人とどう向きあうか、という問題ですよね。

ぼくが仕事を辞めて、妻と一緒に世界旅行をしていた時によかったなと感じたことは、生身のひとりの日本人になって、名刺ももたずに、看板もない状態で、世界中の人々と向きあったことです。つまり「何者でもない自分」になるという経験がいちばんよかったと思うんです。

そのときの経験が根底にあるので、今でも東北復興新聞の記者としてではなく、「あなたに興味があって、あなたの話を聞きにきた一人の個人です」という姿勢で取材をします。そして、そこから質問をとおしてぼくのことも知ってもらう、というスタンスをとっています。

取材後にいただく言葉で嬉しいのは、「本間さん今日は楽しかったです」とか、「大切なものを思いだしました」とかですよね。ぼくはマスコミの記者でもないし、たまたま「やったらつながった」だけですけど……。でも間違いなくネットワークの構築は重要な鍵ですし、「人のつながり」は大切です。

——東北の方々と交流する活動をとおして得たもののなかに、どのようなものがありますか？

それは、新しい価値観に出会えたことです。東北を知るためには、とにかく現地の人の話をリスペクトして聞こう、っていうのがいちばんですよね。ぼくがはじめて東北に行ったときに、果てしなくつづくリアス式海岸にそって被災地をまわっていったんです。ひとつひとつの集落が一〇世帯くらいしかなかったりするんですが、それが全部壊滅してたんですよ。これ全部を元どおりに戻すのは絶対無理だし、正直いって、最初はやめようぜっ て思いました。「そんな非合理的なことはありえない」という絶望がぼくの活動の入口だったんです。

都会の感覚でいうとそうなんですよ、全部戻すなんてありえない、税金がいくらあってもたりない。だけど現地の人の話を聞いてみると、彼らが大切にしている価値観って、たとえば「先祖代々続いてきているこの家と畑を守って、ここで死にたい」ということなんですよ。

もちろん最初の頃は、「気持ちはわかるけど現実的に難しい」みたいに思ってました。ただやっぱり現地の人の価値観を「是」として、それを実現するための努力を継続した。そうすると「「まち」ってなんだろう？」みたいな疑問がますます自分のなかで増えてくるわけですよ。

そして最終的には、それがある種の哲学というか、人間としての根源的な問いに変わっていくんですよね。いわゆる「経済合理性」はないかもしれないですけど、それを大切にしたいと思う人たちの気持ちを知った……。新しい価値と出会って、ただ価値としてそれを認めるっていうことを学んだし、そういう面白さを知ることができた。そのなかで「「まち」ってこういうことか」みたいな気づきがあったりね。

さまざまな人たちと出会うなかで、自分自身の物事の見方もずいぶんと変わったなと思います。以前は、たとえば官僚って聞くと「頭はよいんだけど、お堅くて何か融通きかねぇ奴らが国を悪くしてる」ぐらいにしかイメージしてなかったんですよ。でもじっさい、生身の官僚の人と会って、酒をくみかわし、その人の熱い想いを知って、「なるほどな」と思ったり……。すごく遠かった国の政治だとかが身近に感じられるようになった。国にはこういう制度があって、とか、文科省がこんなことやってて、とか――じっさいに出会った人を介してみると、面白くて、どんどん理解が深まっていくんですよね。

都会では出会えなかったいろんな面白い人に、東北では出会える。それで、いっしょに何かプロジェクトをはじめることができる。現地の方からの学びに加え、そんなワクワクするような面白さを知ったのも東北でした。

――東北復興新聞というメディアをつうじて、社会が、あるいはご自身がどう変わっていったのか、お聞かせください。

ぼくとしては特定の課題解決の手段として「新聞」っていう媒体を選びました。メディアには当然ですがそれを読む人がいます。そして紙の新聞の場合、同じ情報をほぼ同じタイミングで読む人たちがいることにより、そこからある種のコミュニティができるんです。ニッチであればあるほど、テーマが限定的であればあるほど、同じテーマに興味がある人たちがあるメディアに寄ってくるんです――それが新聞の場合には読者ですよね。つまりコミュニティ化するための土壌が新聞にはそなわっています。新聞には情報が詰まっているので、それをもとに共通の話題をつくりやすいし、共通認識をつくりやすい。だからこそコミュニティが育ちやすく、続きやすいんです。

震災復興だけでなく何事もそうでしょうけど、人と人のつながりがほんとに大事だな、と思います。復興現場には千人、二千人クラスの小さなコミュニティ、通称「復興村」があります。テレビなんかにコメンテーターとしてでるような人のほとんどは、ぼくもそこでつながっているくらいコミュニティが狭いんですよ。もちろんそれは狭いという面もありますが、それ以上によい面もある。この価値を共有したコミュニティは一種の生態系みたいなもので、お互いに足りないリソースを補いあうとか、お互いに連携して新しいものをつくるとか、っていう状況があるんです。それが復興現場において生まれたさまざまな取り組みのベースにあったと思いますね。ぼくらの新聞もそのコミュニティの一員として、読者が新しい視点をもったり、行動の指針を提供したりする役割を果たせていたら嬉しいです。

俯瞰的にみてみるなら、メディアが社会に与える影響というのは、コミュニティを生まれやすくする、もしくはその成長を助けるものであると思います。東北復興新聞を立ちあげたことで、ぼくが社会を変えたとは口が裂けてもいえないけど、ビジネスとソーシャルがつながる世界の、入口をつくっているとは思いたいですね。個人的には、それが東北復興新聞を創刊することでうみだされた価値だと思うし、また、それによって「文脈の転換」を試みようとしたところもあります。

――なるほど、その「文脈の転換」について、もうすこし詳しくお聞かせいただけますか？

震災直後、みんなが「かわいそうな東北」って感じたし、今もそのようなイメージは残っていると思うんですけど、「東北」がおかれているそのようなコンテクストを組み替えたいと思いました。

じつは東北復興新聞には、よい話しか書いてないんですよ。つまりぼくとしては東北復興新聞を「真実を追求するメディア」じゃなくて「応援するメディア」にしたかったし、「東北って面白いよ」ってことを新たな文脈としてつくりたかった。だから、これはジャーナリズムじゃありません。

創刊からしばらくして、課題やターゲットの変化にあわせてデザインを変えていったというのも、どちらかというとその「応援するメディア」というコンセプトを、より強く意識したというのが大きい。「面白い東北」、「クリエイティブな東北」といった前向きなイメージを伝えていくことがぼくらのミッションだと思ったし、それが結果として、東北の人を勇気づけられるかもしれない、活力になるかもしれない、と思った。あるいは、そのような発信によって、東北以外の人たちの見方も変わるかもしれない、とも感じた。ただやっぱり、課題がどんどん変わっていくなかで、いつまでこのコンセプトを維持できるんだろう、という不安はあります。もちろん文脈を変えようとか、ポジティブなイメージを提示していこうとか、リソースが足りないところでアクションの接点を作っていこうとか、現在進行形で頑張っているつもりです。

――なにか「文脈の転換」を意識したきっかけがあればお聞かせください。

もともとぼくがもっていたイメージと、現地で経験したことのギャップが大きかったと思います。たとえば釜石市で出会った鹿野さんという人がいます。彼は普段からめちゃめちゃ面白い話ばかりするんですよ。この人がいってたことで印象的だったのが、「前よりももっとよい東北を作りたいんだよね」ってひとことだったんです。でも後になって、そんなことをいっていた鹿野さんが津波でご家族を亡くしていると聞いて、すっごいショックでした。それが本当にぼくにとっての原体験――鹿野さんという人に向きあい、その人のなかにある世界を垣間みた瞬間でした。

「ギャップ」についていえば、同じような話がもうひとつあります。ボランティアの受け入れをしている現地の人にインタビューをしたことがあって、「都会の若者が復興して帰っていくよ」といわれたんですよ。当時、都会のフリーターやニートの人たちがけっこうボランティアをしに現地に入っていたんです。もちろんその全てがそうだとは思わないけど、彼らは居場所がなかった人たちなんですよね。都会の合理的にコントロールしつくされた社会のなかで「自分の居場所」がみいだせない、あるいは、「ありがとう」っていわれることがない。そんな人たちが東北で泥かきして、おじいちゃんおばあちゃんに「ありがとう」って感謝される体験をするんですよ。なかにはそれが嬉しくて、「もう三ヶ月も現地に居ついちゃいました」って人もたくさんいました。そういう人たちが都会に帰ってしばらくして、「就職しました」って連絡してきたりするんだと。つまり、都会の若者が東北を復興させようとしただけじゃなくて、東北が都会の若者を復興させた――これって、すごく素晴らしいことだな、って思います。都市と地方の関係って、なんか都市のほうが「上」って、一般的にはイメージされがちじゃないですか。そのような理解の文脈が、そこでは逆転していたんです――「価値の交換」をともなって……。東北には、都会の若者が求めている価値があった。若者は、被災した方が求めていた労働力を提供した。ボランティアと被災者は、お互いもっている価値を交換していたんだと感じました。

――「価値の交換」ということでいうと、都市と地方にはどのような違いがあるのでしょうか？

都市って自然の対極にあるものだと思います。人間にとって制御できないもの、つまり自然に含まれている不確実性をなるべく排除し、コントロールしようとしてきたのが「都市化の歴史」だと思うし、その意義だと思うんですよね。ぼくはずっとその都市のなかでビジネスをやってきた人間だし、もちろん都市には面白いものも素敵なものもいっぱいあるんですが、それまでは都市の価値観しか知らなかった。なかなか田舎にふれる機会がありませんでした。その後、勤めていた会社を辞めてインドやアフリカを旅したとき、都会で「かっこいい」あるいは「すごい」と思ってた価値とはまったく違う、とても素敵で面白い価値に出会うことができた。それも都市とは対極にある、自然に近い世界のなかでの出会いでした。

それは東北の自然にも同じことがいえます。たとえば漁業、本当に命がけなわけですよ。自分でまったくコントロールできない自然のなかで、危険をおかして命の糧をえるっていう凄まじい仕事をしてるんです。ぼくが惹かれるのは、そういうふうに自然と向かいあって生きている人たちがもっている価値観や世界観なんです。

——今、本間さんが「復興」という言葉にたいして抱いているイメージについてお聞かせください。

「復興とは何ぞや議論」って、じつは被災地の人たちには食傷気味だったんですよね——「いいじゃん。復興がどうとかじゃねぇんだよ。今、俺は目の前のことやってんだよ」みたいな思いがあったんだと思います。だからぼくもあまりその言葉は使っていないのですが、つねに「復興ってなんだろう」と問いかけることは大事だと思っています。当然のことですが、そこにヴィジョンがないと難しいし、誰かにそれを伝えることもできない。ぼくのイメージになりますが、地域のひとりひとりが幸せに暮らしていくこと、そして、そのための社会とかまちとかをつくっていくことが、その「復興」の定義になるんじゃないかな、と思います。

——変容をつづける東北にとって、今後どのような人材が必要になると思いますか？

必要な人材はなんですかって答えはいっぱいありますが、強いてあげるならふたつ。ひとつは「多様なものをむすびつけられる人」ですね。これからの東北は、ほかの地方と同じく今までどおりでは難しいと思います。よりよい東北をつくるために、新しいことをしなきゃいけない。今まで出会わなかったような多様な人たちがコラボレーションすることで、イノベーションを生みださなければいけないと思います。もちろん世のなかには、いろんな垣根があるでしょう。だから、それを越えていく力、つなげる人材が必要なんです。おそらく、異なるものをつなげられる人っていうのは、多様性のある環境を経験している人なんだろうな、とは思いますね。

もうひとつは「新しい価値をゼロから作りだせる人」です。そうなるためには、皆がマインドを変えていかなくちゃいけないし、新しく価値を作りだせる人にならなくちゃいけない。もちろん外から来た人がそうなってもいいし、地元の人がそうなってもいい。「多様なものをむすびつけられる人」と「新しい価値を作りだせる人」——両方とも必要だと思いますよ。

——東北復興新聞は軸足を紙媒体からウェブ媒体へと移しましたが、これはターゲットとなる読者層の変化と関係があるのでしょうか？

被災当初、関係者はみんな繋がりたいというニーズが強かったんです。だから繋がるためのツールとして、東北復興新聞というメディアを立ちあげたんです。それが震災から時間がたつにつれて、事態がだんだんと落ち着いていき、また関係者はフェイスブックなどで、どんどん「横」でつながりはじめました。それにしたがって、東北復興新聞の「つないでいく」というニーズは相対的に減っていったんですね。だからぼくらとしても隣の町の情報を紹介するという機能は大切にしつつも、それ以外の機能をこの新聞に付け加えようと考えたんです。

最初のうちはボランティアの人も「泥かきしなきゃ、力仕事しなきゃ」というように、何をするにも目標が明確でした。それが時間がたつにつれて、だんだんと課題が多様化してわかりづらくなった。たとえば、水産加工会社を震災前の状態に戻さなきゃ、というところだけじゃなくて、そこから、その会社の経営をどうしていくか、新市場をどう開拓するのかというフェーズに変わってきている。

住民のみなさんにとっての関心事も、時間がたつにつれて次第に変化していきました。当時はもう被災者が仮設住宅に住みはじめていて、ある意味で、一から「新しいまち」をつくるようなものだったので、いろいろと混乱がありました——たとえばゴミだしのルールをどうしようかとか。何がコミュニティの課題になりえるのかを洗いだして、それを新聞によって共有する仕組みをつくっていくことに価値があったんです。ただその後、現地のニーズは地域ごとに複雑化していきした。

一方で、震災直後にボランティアに行ってからずっと現地のことを気にかけているんだけど、今どうしたらいいかわからない、って人たちがいるんです。そして現地のほうでもまだまだリソースを必要としているのに、ボランティアの人たちと関わる接点がなくなってきた、という状況がある。そのような双方の変化があるなかで、東北復興新聞のターゲットをすこしでもひろげていくことが、創刊してから一年半から二年ぐらいのあいだで課題になっていったことだと思います。

被災地とその外側をつなぐために、なるべく多くの人々に東北復興新聞を読んでもらいたい。だけど、新聞っていう体裁だと文字も小さいし、やっぱりお堅いイメージがある——見づらいとか、なんか難しそうとか。そんなイメージを払拭するために、ウェブ媒体に軸足を移していこうとしたんです。


——最後に、これから何かプロジェクトをはじめようとしている人たちに向けて、ひとことメッセージをお願いします。


まず「社会問題を解決しなくちゃ」と大上段に構える必要はないということです。

ぼくはむかし何かに寄付をしたこともなかったし、どちらかというと抵抗もありました。「なんで社会貢献、復興支援なんてやんなきゃいけないの？」って思ってたし、他人のそういうアクションに対して共感もしていなかった。だって、そこには親戚もいないし、知りあいもいないわけだし、ようするにリアリティがなかったんですよね。そんなことするよりも「友達と仲よくしろよ」っていうのが、もともと感じていたことだったんです。

あるいは「ＮＰＯの人は清く正しくなくちゃいけない、

寄付金はぜんぶ善いものに使わなくちゃいけない」ってぼくもイメージしてた。そんなイメージがあるから、誰もNPOをやらなかったんだと思うんですよね。つまり「聖人じゃなきゃいけない」みたいなプレッシャーが重すぎる……。もちろん場によって言葉は選びますが、ぼくはこの活動を「楽しいからやる」、「面白いからやる」っていってます。

面白くないこと、楽しくないこと、意味のないことなら無理してつづけなくてもいいし、でも、社会問題に興味があり何か取りくんでみたいのなら、まずやってみればいい。やりたいことを、やる。シンプルなことだと思っています。

で、何かをやるために必要なのは、「共感すること」だと思うんですよ。目の前の人への共感という、感情から入るのがアクションを踏みだすとても重要なポイントです。メディアでよく見るような被災者数だとか損害だとかいったデータではなく、目の前の人への共感。マクロじゃなくてミクロ――たったひとりの人に出会うことからはじめてほしい。そのきっかけは現場にあります。

――これに尽きますかね。

なんかモヤモヤしてるんだったら、誰でもいいから人と出会ってください。いちばん出会えるのは、現場です。行ったってどうにかならないかも、という不安もわかりますが、行ってみなきゃわかりません。自分のためでもいいんです。「べき論」、「やらなきゃ」、「美しくなきゃ」ってのが社会貢献・ソーシャルの世界では多いのですが、そのせいで一歩が踏みだしづらくなっていると思います。やるんだったら楽しんでよいんです。そして一歩踏みだしたら、あなたの心をゆさぶる「ひとりの人」と出会ってください。

【メディア研究者のメモ】リアリティを復興するための文法

「あなたの心をゆさぶる「ひとりの人」と出会ってください」――本間さんがインタビューの最後に語ってくれたその言葉が今でも耳に残っている。じっさいに本間さんは被災地で人に会い、共感をもってその人の話を聞き、そして人々をつなぐ媒体として東北復興新聞をたちあげた。彼のつくった東北復興新聞は、被災地での「価値」の共有、あるいは「視点」の提示を助け、「生態系」にもなぞらえられる新しいコミュニティをうみだす原動力になったのである。

もともと本間さんは旅人、それもかなり独創的で魅力的な旅を経験された人物である。東京に生まれ育ち、もともと有名企業にお勤めだった彼は、結婚を機に夫婦そろって退職し、二年間におよぶ世界一周の旅にでる。そしてインド・ネパール・南米などさまざまな国を旅し、そのいく先々で現地の人々とかかわり、さまざまなかたちでの社会貢献をくりひろげる（インドで貧しい村の学校をサポートする活動をしたり、ネパールで低カーストの女性の雇用をうむ活動をしたり――それはそれぞれの地域で、ある種の「生態系」をデザインする実践だったともいえるだろう）。その独創的とも破天荒ともいえそうな本間さんによる旅の詳細に関しては、その著書『ソーシャルトラベル――旅ときどき社会貢献。』というアツい本にまとめられているので、みなさんにもぜひご一読いただきたい。ぼくはこの本をインタビューの直前に読み、率直にいってめちゃくちゃ感動したし圧倒された。そしてじっさいお会いしてみて感じたのは、当初のイメージどおり、本間さんご自身が人と人とをつなぐ、まさに「メディア」のような存在だということである。彼のお人柄があってこそ、東北復興新聞のような媒体が成り立ちえたのかもしれない。

東北復興新聞は、震災後の情報世界の再構築という点で重要な役割を果たした。大塚泰造さんが『空間とメディア――場所の記憶・移動・リアリティ』(1)のなかで言及されているように、「東日本大震災では、マスメディアに必要な電力や通信網は寸断され、被災地内は情報的にも孤立していった［……］。震災によって、伝えるべき情報はいつもより格段に多いにもかかわらず、多くの被災者はテレビを見ることもで

（1）遠藤英樹・松本健太郎『空間とメディア――場所の記憶・移動・リアリティ』（ナカニシヤ出版、二〇一五年）。

きず、新聞は届かず、またマスメディアも現地に入れず十分な取材活動を遂行することができなかった」。しかしその[2]後、発災から時間が経過するにつれ、さまざまなメディアを活用して情報空間の空白地帯を埋めようとする試みが実行に移されたという。もちろん当初はラジオやインターネットなどの電子メディアがおもに活躍したが、応急処置的段階が終息し、本格的な復興段階へとフェーズが移行するにしたがって、紙媒体でのメディアが登場したのだという。それが被災地内でのベストプラクティスの共有、そして被災地外への情報発信を目的に立ちあげられた東北復興新聞だったのである。

大塚さんが「生態系」の隠喩をふまえて論じているのは、震災によってマスメディアという「大木[3]」によって覆われていた情報の生態系にぽっかりと穴があき、それを人々が被災地の内外で、多様な媒体をもちいてブリコラージュ的に埋めていった、という経緯である。もちろん本間さんの立ちあげた東北復興新聞も、情報の空白地帯を埋め、現地で新たなリアリティをうみだし、コミュニティの結節点として重要な役割を果たしたわけである——それは彼の言葉でいえば「クリエイティブスペース」の形成過程ということになるのだろうか。

まさに「社会をデザインする」という大きなお仕事をなさった本間さんが「ひとりの人に出会うことからはじめてほしい」と語ったことは、ぼくには興味ぶかく感じられる。じっさいに本間さんの話には、人間の話が多い——鹿野さんの話、官僚の話、都会のフリーターの話……。ある人がもつ世界観やリアリティに潜り込み、それに共感する。さらに本間さんご自身が人々を、あるいは人々のもつヴィジョンを架橋する媒体になり、東北復興新聞によってコミュニティのかたちをデザインする——そしてその起点のところに、「ひとりの人」あるいは「ひとりの他者」がいるわけである。社会学者の大澤真幸の言葉を借りるなら、現代が「他者性をもった他者」と向きあうことが困難な「不可能性の時代」だからこそ、ぼくらは本間さんのような方の話から何かヒントを得なければ、とも思う。

（松本健太郎）

（2）避難所に張り出された手書きの壁新聞（たとえば『石巻日日新聞・号外』）や、あるいは災害ＦＭ（たとえば花巻災害ＦＭ）、さらにはUstream、ツイッター、グーグルパーソンファインダーなど。

（3）「生態系の隠喩にもとづくならば、日本における日常的な環境はマスメディアという大木によって列島が覆い隠されている状態である。新聞は政治的視点から設計され配置された新聞社と、その新聞社が中心に作り上げたテレビ放送網による、中央から国全体へ情報を一方向的に伝達するのに非常に効率的なシステムだ。このシステムは自身が生み出す巨大な経済的利益により成長し、システム全体をより強固なものとして確立してきた」（前掲書）。

第五章　生産の裏側にあるリアルを届けたい
だから東北食べる通信をつくる

◉高橋博之氏

岩手県出身。青山学院大学への進学を機に上京する。そこで衆議院議員の秘書をつとめ、二九歳で生まれ故郷である花巻市に帰郷し、政治家を目指す。二〇〇六年から岩手県議会議員を務めたのち、二〇一一年の震災後、岩手県知事選に出馬。「これからは農山漁村にこそ希望の種をまいていかねばならない」と、被災地の沿岸部二七〇キロを歩いて遊説するという前代未聞の選挙戦を展開し、次点と善戦した。

その後、事業家へと転身し、二〇一三年に『東北食べる通信』を創刊する。高橋氏はその運営団体であるNPO法人東北開墾の代表理事も務めながら、全国へとひろがった日本食べる通信リーグの代表理事、ポケットマルシェ代表取締役も兼任する。

二〇一四年、グッドデザイン賞金賞を受賞。著書には『だから、ぼくは農家をスターにする――「食べる通信」の挑戦』（二〇一五、CCCメディアハウス）、『都市と地方をかきまぜる――「食べる通信」の奇跡』（二〇一六、光文社）がある。

◉東北食べる通信

東北食べる通信は、NPO法人東北開墾により発刊されている月刊の「食材つき情報雑誌」である。「世なおしは、食なおし」をコンセプトとしており、毎月ひとりの生産者に注目し、徹底した取材によってその生産者の人生哲学や生き様まで、食べ物の生産にかかわる「裏側」を綿密に伝える。それを一六ページのタブロイド紙にまとめ、それとともに、生産者がつくった食材が届くサービスとなっている。このように東北食べる通信は、分断されていた「つくる側」と「たべる側」をつなぐメディアだといえる。

また最近では、食べる通信は東北にとどまらず全国へと波及し、三七の地域において展開されている。それらは地域性を尊重しながら、それぞれが独自に運営・デザインされている。また、読者数は地域一紙につき一五〇〇人と限定されており、読者を特定の地域で局所的に増加させるというよりは、全国各所で並列的に展開する方針が採用されているなど、コミュニティを前提としたメディアとして受け入れられている。

学生による一言コメント

「現場に足を運び、そこで五感を働かせる、そして発見した課題にとことんむきあい、それを解決する。その不断の努力が人の心を動かすプロジェクトをうみだすんだと思う」。

［東北食べる通信 HP］

――東北食べる通信をたちあげたきっかけを教えてください。

　ぼくは以前、牡蠣業者のお手伝いをしていたことがあるんですが、それがもう大変な仕事なんですよ。もちろんぼくも大学生の頃は、とくになにも考えずに「オイスターだ！」とかいって食べてましたけど、それが出荷されるまでの工程を目のあたりにして、「あ、こんなに大変なんだ」と痛感しました。そしてそんな経験をしたあとで、その漁師さんから「一個だいたい三〇円くらいで出荷しているんだよ」という話をうかがって、「それって、労力に見合わないよな」と感じたんです。

　ぼくはそれまで長いあいだ東京で暮らしてきて、すべてが管理された都会しか知らなかったんですけど、お手伝いの経験があって、「一次産業はそれと一緒にしちゃダメだな」って考えるようになりました。体験しないとわからないことなんですが、海の仕事って本当に大変なんです。人間の力ではどうにもならない部分がありますから……。いったん海が荒れてしまうと、もう頭を垂れて祈るしかありません。そんな厳しい環境のなかで、漁師さんが自然を相手にして、必死で牡蠣を育てようとしているんです。

　普通であれば、生産の背後に隠れてしまいかねない生産者の苦労や熱意を、しっかりと消費者へ伝えていきたい――ぼくはそう思います。そして、それによって一次産業の価値を「食べ物の裏側」から見つめなおそうと思ったことが、東北食べる通信の出発点だったわけです。

――記事を執筆するうえで、高橋さんが大切にしていらっしゃることを教えていただけますか？

　やっぱり記事に書くべきだと考えていることは、食べ物がつくられるその裏側の世界ですよね。東京の消費社会のど真んなかで暮らしていたら、拝金主義者や無神論者ばかりが増えていくのも無理はないかもしれません。だけど、そんな考え方の人だらけになってしまったら、けっきょく「誰も見てなきゃ何やってもいいじゃん」っていう話になりますよね。

　これに対して地方では、今でも豊かな精神世界が至るところに残っている。たとえば昔の農家の人が「お天道様が見てるから……」といって自らを律していたように、合理的ではないんだけど、多様で魅力的な価値観がそこにはたくさんある。それと比べてしまうと、目にみえるもの、かたちあるものしか信じられないというのは、とてもつまらない価値観のような気がしています。ですので、ぼくが農家や漁師への取材のときに気をつけているのは、都市生活者にとっての贅沢品、言い換えれば「都市生活にはない価値」をいかに記事に反映させるか、ということです。

　あと、もう一点あげるとすれば「繋がり」でしょうか。自己と他者、自己と地域、自己と自然――それらの繋がりのなかで農家や漁師の仕事は成りたっているんです。

それも、ある意味で都市での生活からは失われつつあるものなのかもしれません……。

ぼくは東京の大学に通う学生さんから、「近所づきあいや親戚づきあいに憧れてるんです」という話をきいて、ちょっと驚いたことがあるんです。人によっては窮屈に思われかねない田舎の人間関係ですが、そこには都会とはまったく異なるリアリティがひろがっています。たとえば、ひとつの集落がぜんぶ家族や親族で占められていたり、家も鍵をかけずにあけっぱなしだったり、作物を取りすぎると近所におすそ分けしたり、というふうにね。そういう地方の文化を書く。食材そのものよりも、その裏側にある「暮らし」を書く、ということを意識しています。

――東北食べる通信を立ちあげるにあたって必要だったことは、どのようなことでしょうか?

ぼくは事業のヴィジョンこそがもっとも大切だと考えています。「立てた旗」が間違っていなければ、必ずお金も人も集まってくると信じています。もちろんそれが間違っていたら、社会からは必要とされていない、つまり需要がないということになりますし、あきらめるしかありませんよね。

ぼくには第一次産業の世界にふれて、そこで感じた憤りや矛盾が原体験としてあるので、ある種の「確信」のようなものがありました。だからとにかくいろんな人に、ぼくのヴィジョンを直球で話しつづけました。とはいえ、最初の一年くらいは誰にも相手にされなくて、「事業計画はどうなってんの?」とか、「それって採算はとれるの?」とかよく質問されましたね。ぼくはそれまで事業をやった経験がありませんでしたし、数字も強いほうではなかったんですが、ヴィジョンには自信があったので迷いはありませんでした。

――東北食べる通信にはそのヴィジョンに賛同した人たちが数多く集まってきたと思うのですが、そのなかで高橋さんの立ち位置とはどのようなものだったのでしょうか?

集まってくれた仲間のなかには、ビジネス指向の人も、社会福祉指向の人も、両方ともいました。ぼくの場合は、どちらかといえばその中間にいた感じですかね。とはいえ双方のバランスをとるというよりは、むしろプロジェクトの軸がぶれないことをつねに心がけていました。

ぼくってけっこうワガママなんですよ。一回これって決めると、その方針は変えたくない。それがぶれてしまうと、「別にぼくじゃなくてもいいじゃん」って思ってしまうから……。だから、最初にえた直感を、自分なりに大切にしようとしてるんです。

その「直感を大事にする」ということは、「自分の過去を愛する」ことと同義だと考えています。ぼくがこれまでに出会った人、積みあげてきた経験、それらがひとつでも欠けたら「今のぼく」はいないわけですし、そこから導きだされる直感も違ったものになるはずです。ぼくは自分の過去を愛しているので、自信をもってその直感から何かを選択するようにしています。

理屈や教科書で何かを考えようとすると、皆どうしても同じアイデアにたどりついてしまう。東日本大震災のあと、多くの人々が被災地に向かいましたが、東北食べる通信のようなアイデアを思いついた人は誰もいませんでした。じっさいビジネスマンとか社会起業家とかだと、事業をたちあげるためのテクニックをもっている人はたくさんいます。でも他方でそのような人たちから、ぼくがヴィジョンや哲学の面で感銘を受けたことはありません。

ぼくらのプロジェクトに対して、ある人から「儲からなかったら、けっきょくは寝言で終わるぞ」って批判されたこともあります。たしかにそうだと思うし、事業を継続させている人はビジネスでも儲けているのかもしれない……。でもそれだと、「けっきょく社会は変えてないじゃん」とも思ってしまうんです。もちろんお金がないと何もできないのも事実なんですけどね……。だから、いつも葛藤を抱えながらやっています。

――高橋さんがそのようなヴィジョンをえた背景には、どのようなご経験があったのでしょうか？

ぼくの姉が知的障がい者だったというのもあって、価値の多様性についてはよく考えます。第一次産業もそうかもしれないけど、障がいや老いなども、効率性を追求する視点だけでいうと、社会から排除されかねないものですよね……。でもその一方で、ぼくらはいつか年老いるし、いつ障がいを抱えるかわからないし、そもそも食べないと生きていけない。だから、そういった多様な存在の価値を社会全体でもっと認めていかなければいけないと思っんです。

ぼくは若いころ、「それって資本主義とは相容れない考え方だな」と思ったこともあります。もちろん僕らは資本主義社会を生きているわけで、そこにはつねに葛藤がつきまとうわけですが、お金では計測できないものを大切にしようというのは、ぼく自身の一貫したテーマかもしれません。だから二世代かかっても三世代かかっても、今の効率性や経済合理性を過剰に追及するような社会のあり方は、変えていかなければならない……。しっかりとしたヴィジョンや哲学をもって、それに共鳴してくれる仲間を集めて、長い時間がかかっても、それをつぎの世代へとうけつぎながら、今の社会の方向を転換する必要があると思っています。

――つぎの世代にうけつぐという点で、若者が参加できるような取り組みもあるのでしょうか？

ぼくは東京で「車座集会」っていうイベントを定期的

にひらいています。それは皆で輪になっていろいろと話すイベントなんですが、そこに大学生もたくさん参加していますよ。それ以外にも「日本食べるタイムス」[1]っていう、農家や漁師が自分から情報発信するメディアをやっているんですが、その編集部はぜんぶ大学生が運営しています。ちなみに食べるタイムスは、農家や漁師の生の声を発信するメディアとして立ちあげたものです。農家さんがひとりでブログを書いていても当然それを見る人は限られてしまいますので、そういったブログを日本中から集めてそこで発信してもらうことで、生産者と消費者を直接結びつける、いわば「お見合い」をしてもらうようなイメージになっています。

　今後さらに若者をまきこんでいく仕掛けとしては、学生たちが大学に通いながら、サークル活動のかわりに「お気に入りの農家漁師のところに遊びにいく」っていう新しいスタイルを提案してみたいですね。農家や漁師の人たちは情報発信が苦手だけど、大学生はそれが得意だから、そこで両者のあいだに協力関係がうまれれば、二人三脚で都市部に情報を届けてもらえるような仕組みができるかもしれません。若者は未来の消費者なので、それがうまくいくと、「生産現場を理解した消費者」を育成することにもつながります。

　今の大学生って、リアリティに飢えている印象があります。最近よく「失われた二〇年」なんていわれますが、それを言っているのはバブルで踊った大人だけなんですよ。若者はなにも失ってない……つまり生まれたときからこういう状態ですから、これがあたりまえなんです。そんな状況もあってか、お金よりも「生きる実感」とか「関係性」とかに価値をおく大学生がぼくの時代よりも圧倒的に多いような気がする。だから、そういう大学生のなかには、遊びにいった農家や漁師の人たちと良い関係性を築いて、「第二のふるさとができた」と喜ぶ子も多いんです。

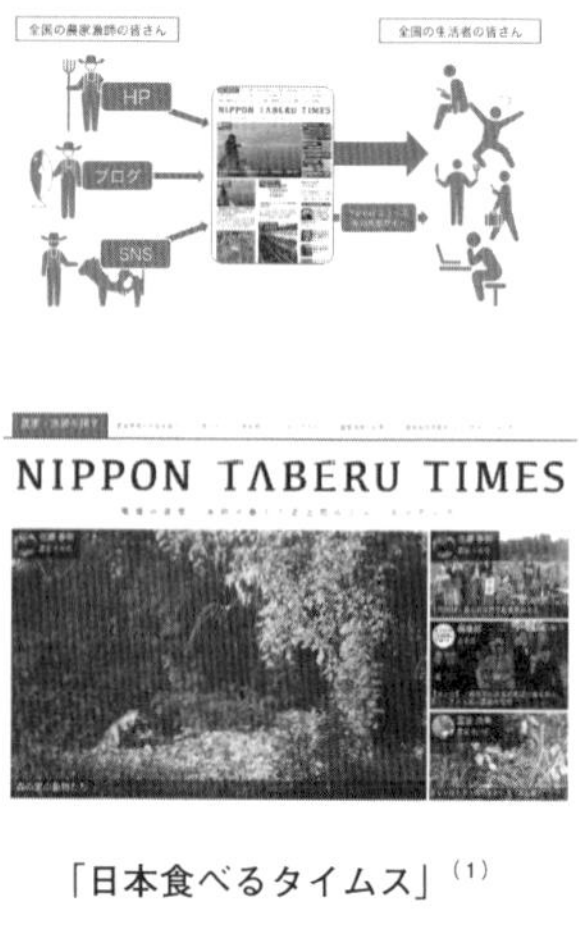

「日本食べるタイムス」[1]

——「食」を媒介することで、今の社会が抱える問題を解決することができるわけですね。

　それだけではありません。日本は「課題先進国」なんていわれることもありますが、今この国が抱えている問題――たとえば物が売れない需要不足であったり高齢化問題だったり――は、アメリカにしてもアジア諸国にしても、いずれ他の国々が直面する問題でもあります。

日本人はみな「日本はダメだ」って思っているけど、ほんとうはダメじゃない。優秀だから、他の国に先駆けて新しい問題に向きあわざるをえないだけなんです。国際会議の場では、世界の人々はもう日本を経済大国としては見ていなくて、いずれは自分たちも直面する課題を抱えた国として、固唾を飲んで見守っている。ぼくらがしくじれば反面教師にされるだろうし、逆に、そこで理想的な事例を示せれば、経済分野だけでなく社会問題の分野に関してもモデルを輸出できるようになりますよね。そしたら、世界を変えられるじゃないですか。

――東北食べる通信はフェイスブックをつうじてコミュニティをつくっていますが、それを運営していくうえでどのようなことに配慮されていますか?

やってみてはじめてわかりましたけど、コミュニティの運営って大変なんです。コミュニティに参加する人は、一〇人いたら一〇人ともちがう人間ですよね。好き嫌いもあれば、性格があわないことも当然ある。それを誰かが調整しなければいけない。

ぼくらもコミュニティの運営については発展途上なんですが、やっていくなかで気がついたのが、最初からいる読者が大きな発言力をもってしまう、という問題でした。彼らはずっと前に特集された生産者のネタとかを話題にしたり、お互い仲が良いからあだ名で呼びあったりして盛り上がるわけですよ。そうなると、コミュニティに新しくはいった人は発言しにくいじゃないですか……。

だからその問題を解消するために、「その月に特集した生産者へのコメントのみにしてください」っていうルールを設けたんです。そうすれば、全員がはじめてご対面するわけだから、いわゆる「仲良しクラブ」的なコミュニティはいちおう解消されました。ただ、それによって最盛期のもりあがりはなくなってしまったんですけどね。

ぼくの仮説ですけど、ひとつのコミュニティに依存するのはあまりよくないかもしれません。考えてもみれば、東北食べる通信の読者のなかにはフェイスブックが嫌いな人もいるし、じっさいに会って対面で話すほうが好きだという人もいる。みんな趣味趣向が違うので、可能なかぎりた

（1）「日本食べるタイムス」（http://taberutimes.com/）は「農家漁師の生の声を発信するメディア」として立ちあげられたものであり、記事のほとんどは農家・漁師がライターとなって執筆されたものである。

くさんのコミュニティを重層的につくったほうが正解なんじゃないか、と感じつつあります。理想をいえば、読者が自発的に運営して、しかも出入りが自由っていう、活気のあるコミュニティになるといいと思っています。

——高橋さんとしては、より開かれたコミュニティを目指しているわけですね。

コミュニティって、自由と不自由のあいだを揺れうごくものだと思っています。たとえば自由を求めて都会に出ていっても、そこで、さまざまなシステムのなかで不自由になることもある。その段階で、ふと自分の田舎を思い出すことがあっても、そこに帰れるかっていうとその決断もできなかったりする。というのも、田舎は田舎で別の不自由さがあるんですよ。たとえば、そこには隣近所の目がある。あるいは、地縁や血縁は生活の支えにはなるかもしれないけど、それに頼ってばかりだと人間関係は縮小していく。つまりコミュニティが閉鎖的なんです。こうなふうに考えてみると、どっちも行き詰っていますよね。「さあどうする?」って、そこでみんな揺れうごいてるんですよ。

ぼくが提案したいのは、それって二者択一的に決着をつけなくてもいいんじゃない、ってこと。その揺れうごきをそのまんま抱きしめるような生き方をみんなが求めてるなら、それをやっちゃえばいいじゃんって思います。開かれたコミュニティをつくって、そこに何かを足していって、それをさらに総括する。そこには都市にすむ生活者もいて、田舎にすむ生産者もいる。最終的には、障がい者もいて、子どももいて、いろんな人がいるのがいちばん良いと思うんですよ。だって、お互いのヴィジョンが似ているのは良いかもしれないけど、そのコミュニティに似た人しかいないっていうの、なんだか気持ち悪いじゃないですか。

——東北食べる通信のおもな読者層は、もともと食に対する意識や関心が高い人たちだという印象があります。逆に、食に対する関心が薄い人たちに対して、なにか取りくんでいることはありますか?

二つあるんですが、一つ目は「無視」っていう対処ですね。富裕層だけを相手にするっていうのは極端な選択ですけど、貧困の問題しかり、第一次産業の問題しかり、ようするに社会的な矛盾の矢面に立たされている人間だけじゃ、世のなかは変わらないんですよ。ぼくはそれと同じくらい、その社会に飽きている人がいたときに、はじめて変化の兆しがうまれると思っています。自分は困ってないけど、困っている人がいたらその人のために自分の力を貸せる——そういう人が一定数いて、はじめて世のなかは変革の可能性を獲得する。だから、今の日本はその条件が整ってきてるんじゃないかな、と思います。

たしかにご指摘のとおり、東北食べる通信は読者の大半が生活に余裕のある方々ですが、それでも良いと思っています。そこから新しい流れがはじまると思っているので。

二つ目は若者、とくに大学生に対して働きかけています。もちろん彼らのなかには「まだ学生で経済的に余裕がないんで、東北食べる通信はちょっと……」って敬遠する人もいます。でも、そういう学生さんには「いやいや、あなたはスマホの料金にいくら使ってるの？」って問いかけますね。

食べ物っていうのは毎日食べるものですけど、スーパーでなにか買うときは、安心感のあるものよりも、より値段が安いものを選ぶ人が多いじゃないですか。携帯電話にはお金をかけても、自分の健康には投資しない。それって、命を蔑ろにしている証拠だと思います。だから、もし人生のうちでどうせけっこうな金額がかかるんだったら、もっと食生活にお金をかけたほうがいい。富裕層以外の人に対しても、若い人に対しても、それまでの優先順位を考えなおすように訴えかけていく必要があると思っています。

――なるほど。たとえばスーパーマーケットの野菜売り場では、値段を過度に強調しますよね。

もちろんスーパーマーケットの存在も大切です。けっきょく、身近な所でどんなものでも手に入る消費社会って素晴らしいじゃないですか。この狭い島国に、ぜんぶでコンビニエンスストアは四万店、三〇〇人に一店の割合であるわけですよ。消費者にとって、こんなに快適な社会はないですよね。その恩恵にぼくもあずかってきているので、「あんなものやめちまえ」なんてとてもいえないですよ。でも、あれだけっていうのも、それはそれでよくないと思います。

「あなたの食生活を、来月から一日三食×三〇日、つまり九〇食分のすべてを、生産者の顔がみえる食材をつかって摂取するようにしてください」って突然いわれたら、ぼくだってそんなこと無理です。だけど一か月に一回だったら、そういう食生活もできるじゃないですか。たとえ一か月に一回でも、そこから「気づき」がうまれて、それによってスーパーマーケットで手にとる食材の見え方がかわるかもしれません。「これ、今まではぜんぜん気にしなかったけど、なんでこんなに安い値段なんだろう？」って疑問がわいたりするんです。それが変化への第一歩だと思います。

――最後に、これからプロジェクトを立ちあげようとしている人に向けて、ひとこと頂けますか。

ぼくが好きな言葉に、江戸幕府の勘定奉行をつとめた小栗上野介によるものがあります——「一言で、国を亡ぼす言葉は、どうにかなろうの一言なり。江戸幕府が滅亡したるは、この一言なり」というものです。

ながいあいだ安泰だった江戸幕府が最後にコロッと倒れたのは、官僚たちのあいだに「どうにかなるでしょ」って感覚がひろまって、当事者意識がなくなってしまったことが原因です。それは今の日本人にも通じる問題だと思っています——つまり「どうにかするぞ」って人より、「どうにかしてよ」って人のほうが多いと思うんですよ。だから政治に、役所に、農協に、ただただ文句をいうだけ。

基本的に消費する側は「どうにかしてよ」で、作る側は「どうにかするぞ」なんです。だから、「どうにかするぞ」っていう人をいかに増やすかが問題になるんですよね。ぼくはこれを「観客席に座っている消費者がグラウンドに降りる」って表現しています。なにごとも当事者意識をもつことが大事。

小栗上野介の言葉をひっくりかえして、「どうにかするには、どうすればいいのか」って問いかけてみると、そこで答えになるのは「あきらめんな」ってことだと思います。ひとつ壁をのりこえるとつぎの壁が立ちふさがる。それを乗り越えるとまたつぎの壁……それをえんえんと繰り返すんですよ。そのうち途中で嫌になるんですけど、そこでやめなかった人だけが最後まで、理想のゴールにたどりついています——どんな分野でも。

じゃあどうやって消費者をグラウンドに降ろすのか。ぼくが政治家をやめ、事業家になってから気づいたことは、「べき」論じゃ世のなかは変わらないってこと。変わるべきは、むしろ「べき論」を容易に語ってしまうぼくらなんですね。みんな、誰か他者を批判したがるけど、その相手って、いわば「鏡にうつった自分」なんですよ。だから自分が変わるしかない。

とはいえ「おまえは間違っているから、変われよ」って命令されても、もちろん誰も「変わりたい」って心境にはならないじゃないですか。そうじゃなくて「あいつ楽しそうだなぁ」とか、「充実してて面白そうだなぁ」とか、「俺も真似してみようかな」とか思ってもらえるようにする。北風じゃなくて、太陽になること。ある方向に歩んでもらえるように仕向けるというか、自発性をもってもらえるように動かす、というのが大切だと考えています。

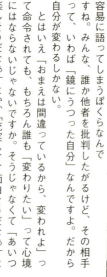

【メディア研究者のメモ】食を媒介とする新たな関係性の生成

高橋さんがインタビューで言及されていた「リアリティへの飢え」、これは食物や身体性の問題に限らず、消費社会のあらゆる局面でみとめられる副産物なのかもしれない。

さいきん、ぼくは『ショッピングモールと地域――地域社会と現代文化』という本を編集したのだが、そのなかで観光社会学者の遠藤英樹さんは、ショッピングモールという演出された空間を「ファンタスマゴリー」に、すなわち人間の欲望をうつしだす幻燈装置になぞらえている――「私たちはショッピングモールという空間に身をおくことによって、文化的アイテムを商品として購入したいという「欲望」をかきたてられている［……］。私たちの内側に「必要（ニーズ）」があって、そのために商品を購入するのではなく、きらびやかに装飾されたショッピングモールによって「欲望」を創出されてはじめて、私たちの内側に「必要（ニーズ）」が存在していたかのように思い購入する。ショッピングモールとは、そうした欲望を私たちに喚起させ、文化的なアイテムの幻影（ファンスマゴリー）を映し出す幻燈装置の役割を果たす空間なのである」[1]。

今日の社会に林立するショッピングモールとは、その点で人々の欲望を増幅させる装置としての作用をもつわけだが、たしかに遠藤さんが指摘するように、「きらめくようなガラスに覆われた人工的な建物のなかでは、木々が生い茂り、小川がせせらぎ、ところどころに石畳の小径（ペーブメント）までつくられている。それは恐ろしいまでに人工的なものでありながら、ほんのひととき自然を感じさせてくれる空間でもある」。そしてそのような疑似自然から、うっかりと安らぎをおぼえてしまうという体験自体、ぼくらがいかに自然から遠く隔たってしまったか、ということの悲しい証拠でもある。

ぼくらは、ショッピングモールに配置された華やかな店舗、あるいは、そこに陳列された煌びやかな商品の彼岸にひろがる、直接は目にすることのない世界――高

（1）遠藤英樹「第8章　モビリティーズ時代の幻影――ショッピングモールの寓意的読解をめざして」井尻昭夫・江藤茂博・大崎紘一・松本健太郎［編］『ショッピングモールと地域――地域社会と現代文化』（ナカニシヤ出版、二〇一六年）

橋さんの言葉でいえば「食べ物の裏側」や「豊かな精神世界」――への想像力をうしないつつあるのかもしれない（またその背後で、どのような環境問題や労働問題が発生しているか、ということにも……）[2]。ちなみに南後由和はショッピングモール内を遊歩していく過程で、立ちならぶテナントが視界を流れていく様を「スクロールするまなざし」[3]と呼び、それを「PCやスマートフォンの画面をスクロールする感覚」に近似するものとして指摘しているが、あらゆるものがインタフェース上の表面的な価値によって、すなわち「インタフェース・バリュー」[4]によって判断される傾向は、現在ますます顕著になりつつあるといえるかもしれない。そしてそのようなメディア環境がうみだす演出的な記号空間のなかで、ぼくらは知らず知らずのうちに「リアリティ難民」と化しているのだろう。

　もちろん、ぼくらは食べなければ生きていけないし、また（どれほど自然から隔たったとしても）食物をうみだす自然なくしては生きていけない。食とはぼくらの身体をかたちづくるものであり、高橋さんが指摘するように、それをおろそかにすることは「命を蔑ろにしている証拠」だともいえる。生産者がうみだす食物、あるいは、それをもちいて消費者がうみだす料理は、生命や身体をめぐるリアリティをみつめなおす、さらにはそれを「復興」するメディアとして、もっと意識されて然るべきである。

　高橋さんは「今の効率性や経済合理性を過剰に追及するような社会のあり方は、変えていかなければならない」と力強く主張している。効率だけでいったら切り捨てられてしまうかもしれない多様な存在を認め、それに新しい文化的な価値をみいだす。東北食べる通信の「食」をめぐる試みは、まさにそのような視座から展開された挑戦だといえるだろう。それは都会と田舎という、まったくロジックの異なるふたつの世界を接続するだけではなく、自己と他者、自己と地域、自己と自然など、おおくの消費者にとっては直接的には感知しえない世界の「裏側」を描き出し、さまざまな水準でのつながりを想像させる優れたメディアになりえている。逆にいえば、ぼくらは東北食べる通信が立ちむかおうとしている障壁に目をむけることによって、現代の消費社会が抱える問題をより明瞭に意識してみることができるのかもしれない。

（松本健太郎）

（2）これらの問題に関しては、環境文学を専門とするカレン・コリガンが同書で執筆している論考「第11章　ショッピングモールの隠れたコスト――グローバルネットワークにおける結び目としてのモール」を参考にされたい。

（3）南後由和「建築空間／情報空間としてのショッピングモール」若林幹夫［編］『モール化する都市と社会――巨大商業施設論』（NTT出版、二〇一三）

（4）シェリー・タークルは一九八四年に発売されたマッキントッシュのPCと、それ以前からあるIBMのそれを対比し、とくに前者ではじめて導入されたデスクトップ・メタファーに着眼しながら、「モダニズムにおける計算の文化」から「ポストモダニズムにおけるシミュレーションの文化」への移行に論及している。彼女によると、デスクトップ上のフォルダやゴミ箱などのメタファーは、複雑な知識を前提とせずとも、より多くの人々がそのシステムの挙動をコントロールすることを可能にするものであり、それによって「インタフェース・バリュー」の時代が到来したと指摘している（シェリー・タークル『接続された心――インターネット時代のアイデンティティ』（早川書房、一九九八年）。

第六章　経済合理性で割りきれないことを考えて欲しい

だからローカル鉄道・地域づくり大学をつくる

◉海野　裕氏

東京都出身。早稲田大学卒業後、一九八九年に株式会社博報堂へ入社する。マーケティングセクションで活躍したのち、二〇〇〇年に独立してマーケティング・コンサルティング会社、株式会社インターテクストを設立し、代表取締役となる。

活動の軸を「マーケティング・コンサルティング」と「コミュニケーション・デザイン」に設定し、子どもの保健や栄養関係の情報を収集・整理して提供するウェブサービス・Schoowellや、ジュエリーブランド・シノエクラなど、さまざまな事業を手がける。

近年ではローカル鉄道・地域づくり大学や川崎幸市場など、地域産業のブランディングや公共セクターの活性化などを、事務局やプロデューサーとして推進している。

◉**ローカル鉄道・地域づくり大学**

茨城県ひたちなか市を走る、ひたちなか海浜鉄道は、廃線の危機から一転、公募により選ばれた社長のもとで黒字化に向けて活動している。その事例を調査研究し、他のローカル線の存続へと繋げていこうという試みである。現在衰退の一途をたどっているローカル鉄道に、運輸以外の新たなニーズを見いだし、地域社会を活性化するためのアプローチを模索している。その活動目的としては「ローカル鉄道経営ノウハウの体系化」、「ローカル鉄道が核となる地域活性化のノウハウ体系化」、「ローカル鉄道経営と地域づくりに関与する人材の育成」が掲げられている。

おもな活動として、ローカル鉄道・地域づくり大学が開催している「サマースクール」では、鉄道運営の模擬体験をする機会が用意されている。また「ローカル鉄道サミット」では、全国のローカル鉄道の経営、研究に最前線で取り組んでいる人々とともに、ローカル鉄道と地域づくりに資する具体的な施策や将来的な構想についてディスカッションがおこなわれている。

学生による一言コメント

「都会とおなじ価値観では地方では通用しない。今の自分の価値観をといなおし、それを再考するきっかけをつくるところからプロジェクトははじまる」。

[インターテクスト HP]

[ローカル鉄道・地域づくり大学 HP]

――海野さんが「ローカル鉄道・地域づくり大学」にかかわるようになったきっかけを教えて下さい。

ぼくは大学を卒業して博報堂へ入社し、そこから独立してさまざまな企画やブランディングをする会社(1)を興して活動しています。そんなあるときに、ひたちなか市とつながりをもっている博報堂時代の友人に声を掛けられたことがきっかけでひたちなか海浜鉄道に関わることになったのです。

ひたちなか海浜鉄道は、もともと茨城交通というバス会社が運営していたローカル線なのですが、これが経営的にいきづまって、当時は廃線の危機にありました。そのときに、ひたちなか市と住民の方々がどうにかしてそれを残したいと声をあげて、そして、そこに経営者や行政の方の意志や熱意がむすびついて、結果的に第三セクター(2)というかたちでの存続が実現することになったのです。

ぼくは最初の頃はどちらかというと地域づくり、地域の活性化という観点でひたちなかに呼んでいただき、地域活性化のための会議をするなかで提案されたアイデアのひとつが、ローカル鉄道・地域づくり大学でした。

――ひたちなか海浜鉄道を取りまく状況はどのようなものだったのでしょうか？

行政は一生懸命やっているのですが、ひたちなか海浜鉄道というものを本当に残さなきゃいけないと思っている人は、じつは市民のあいだでもそんなに多くはなかったのです。これは、全国どこのローカル鉄道にもあてはまることです。乗降客そのものはだんだんと少なくなってきていて、鉄道ファンがノスタルジックなものとしてそれを残したいといっているだけなのです。これだけだと、日本中のローカル線がどんどんなくなっちゃう。

ぼくは、ローカル線っていうのはなんらかの象徴だと思っています。ぼくのなかではずっと「需要が縮小したからといって、その社会資本を切り捨てていいのか？」という問いがあって、ローカル鉄道はそのわかりやすい例だと考えています。「需要が減ってきたからやめてしまいましょう」って考え方では、人口が減っていく日本で

(1) 株式会社インターテクスト。二〇〇一年設立。海野裕氏が代表取締役を務める。消費財、耐久消費財からソーシャルマーケティングまで、広範な領域に対応したマーケティング・コンサルティング、コミュニケーション・デザインを行っている。

(2) 国や地方公共団体と民間の共同出資による事業体。おもに地域開発・交通などの分野で設立される（三省堂『大辞林』より）。

はどん詰まりになってしまう。間違いなく、いろいろな社会資本が閉鎖されることにつながります。「それは違うんじゃないの？」っていうのがぼくのいちばん主張したいメッセージで、それを象徴しているのがローカル鉄道だと考えているんです。

——ローカル鉄道を守っていくための場を「大学」と名づけたことも印象的ですよね。

ネーミングにおいて重要だと思う点は、多くの人がテーマにアクセスしやすくなるようにすることです。ぼくとしては「経済合理性がないからというだけで止めてしまうことが本当に正しいのか？」という太いメッセージをもった場をつくって、そこに人が集まって、みんなで考えるきっかけになればいいと思っています。

自分たち以外の、ローカル鉄道を残したいと考えている人たちに、その後のひたちなか海浜鉄道の成功例をどうやったら伝えられるかっていうのが発想の原点にあって、吉田社長[3]が「やっぱりローカル鉄道の経営ができる人はなかなかいない。だから人材開発をしなきゃいけないよね」とハッキリおっしゃったんです。人材を育成するというおおきなヴィジョンがあったので、もちろん厳密な意味で大学ではないんだけど、その名称に「大学」っていうキーワードをいれようと考えました。

——ローカル鉄道・地域づくり大学ではサマースクール[4]も運営されていると思いますが、それにはどのような役割があるのでしょうか。

サマースクールは、複数の層を対象にしています。まず、将来的にローカル線の経営者になってくれる可能性がある層が一つ目。そして、その下で経営者を支えてくれる人、すなわち鉄道会社のスタッフになってくれる可能性がある層が二つ目。あとは観光客や鉄道ファンを含め、興味をもってくれる層が三つ目。そのなかで、どこに焦点をしぼってなにをやるかを、つねに議論しながら運営していますね。

ローカル鉄道を経営できそうな人がたくさんいるかというと、じつはそうでもないんです。もしかしたら、それは鉄道ファンのなかにいる可能性もある。じっさいにサマースクール第一回目のときに山田和昭さんという方に参加していただいたのですが、その後、この方は鳥取の若桜鉄道というローカル鉄道の社長に就任されたんですよ。そういう流れが、ネットワークのなかで生まれつつある。鉄道会社に就職したい人、あるいは地域交通にかかわる仕事をしたい人がサマースクールに参加して、相互に情報交換や議

論ができるような体制が整ってきましたね。

――ローカル鉄道をつぎの世代へとつないでいく人材を発掘していく必要があるのですね。

そういう人たちがいるかもしれないけど、じっさいには発見できないケースも多いんです。どういうかたちで地域おこしをするにしても、「スター選手」というか「役者」というか、中心で活躍してくれる人が不可欠だっていうのがぼくらの基本認識です。あくまで個別の事例としてですが、ひたちなか海浜鉄道を立てなおすときに重要な役割を果たした人が四人いたのです。その四人っていうのが、まずローカル鉄道の経営ができる人、社長さん。それから応援したい、残したいっていう地元の人たち。それと自治体において鉄道がどういう意味をもつのかってことを考えられる市民団体的な方々。あとは行政側の後押し、理解者ですね。

「どこの地域においてもその四人に相当する人物を見つけられないとローカル鉄道を残せないのではないか」というのが、ひたちなか海浜鉄道の成功をふりかえって、ぼくらがえた知見です。この四人をある種のロールモデルとして、彼らにつづくような人材を育てていかないとダメだし、ひたちなか海浜鉄道もつぎのステップを考えると、彼らの後継者をつくらないと立ちいかなくなるかもしれません。そして、それは地元のメンバーで構成されないと難しいと思います。外部からローカルを活性化させるのはなかなか大変なんじゃないかな。ただ一方で、逆説的ですけど客観的な視点を設定するという意味でも、外部の人が必要になるときもあります。それがぼくのような人間であったり、ファンの方であったりする場合もあると思います。

もちろん、ひたちなか海浜鉄道の成功例というのは、そこのローカルな環境に依存しているので、一般化して語ることができるかどうかわからないところもあります。ただ、外部の人たちの視点があって、また、彼らが

（3）吉田千秋氏。ローカル鉄道・地域づくり大学代表理事。社長公募をへて、二〇〇八年よりひたちなか海浜鉄道社長を務める。また、二〇一二年より国土交通省が任命する地域公共交通マイスターも務め、ローカル鉄道経営と地域共生の大切さについての情報発信などもおこなっている。

（4）「ローカル鉄道・地域づくり大学」では、ローカル鉄道をもつ地域行政の担当者や住民、鉄道ファンを対象に、鉄道運営の実践を模擬体験できたり、ファン向けの企画を催したりするサマースクールを開催している。

何らかのかたちで関わってくれてはじめて、そこでの経験を一般化、モデル化できるという側面もあると思います。

最近では、ひたちなか海浜鉄道を取りまくネットワークが濃密になってきていて、それにともなってローカル鉄道・地域づくり大学のフェイスブックのコミュニティに、ものすごい情報量が投稿されるんです。鉄道好きの人って、とにかく鉄道に乗るんですよ。青春18切符とかを使って、日本中をあちこち旅してまわる。全国から情報を収集して、それをコミュニティ内で共有している。それが全国のローカル鉄道を守るために還元されていくんです。

――海野さんは外部からの専門家として活動に参加されたと思いますが、その際に苦労されたことはありますか？

よくあることですが、東京のコンサルティングとかマーケティングとかの会社が地方にいって何かを提言することは、じつは現地ではあまり望まれていなかったりする。やっぱり「よそものが勝手なことをいっている」っていう空気がどうしても流れるんですよ。今では一緒にやっていく仲間ですが、当時は「そういうあなたは何様なの？」って感じはありましたね。

それを解消するためには、やっぱり真剣に何かを企画することしかないと思います。ぼくらの活動を純粋にビジネスとして考えたときには、まったくもってペイしていないわけですよ。だけどマーケティングっていうのは、生活者が何を望むか、というところに立脚しているとぼくは考えているので、だとするとローカル鉄道がなくなってほしくないっていう声も、間違いなくマーケティングの対象になりうるんです。だから、単純に売れればいい、ってことではないんですよ。生活者の望む生活を体現するための仕事なので、これがもし単品で赤字だとしても、やらなきゃいけないとぼくは思っています。

――海野さんが手がける事業の多くは、「伝える」というところで共通点があるように感じます。

やはり「伝えること」、そして、それによって「知られること」からしかスタートできないかな、とは思いますね。これはぼくが広告代理店にいたっていうのもあって、認知をされるということは、ものすごく重要なことだと考えています。すべてのマーケティング活動のなかでどこにいちばんお金がかかるかっていうと、認知を獲得するところにあるんですよ。

電通にしても博報堂にしても広告代理店がぼうだいな売上高を誇っているのは、つまり、それだけお金をかけて広告投下をしないと認知がとれない、ということなんです。だから、弱者が認知をとるためには、伝えようとしている内容が問題になってくる。それをどうやって上手につくるかが大切で、ぼくにとってそれが「伝える」ということの意義なんです。

——さきほど、ビジネスとしてはペイしない仕事だとおっしゃっていましたが、反対に、ビジネスとしてペイしている広告代理店はどのようなスタンスで仕事をしているのでしょうか？

日本のメディア環境って、ちょっと特殊だと思うんだよね。戦後にテレビができて、それが非常に強い力をもっていったというのは、ほかの国とはちょっと違うという印象をもっています。電通とか博報堂とかが上手にメディアの影響や利権をコントロールして、そのパワーに企業が対価を支払う構造になっていると思うんです。その意味では、ものすごく操作的ですよね。だから日本の店頭ってものすごく違和感があるんですが、すべての商品にものすごい数があるでしょ？　ペットボトルの水が何十種類もあったり、歯磨き粉が何十種類もあったり、異常なくらい商品がたくさんあるんですよ。

ぼくが博報堂に入ったころ、まず新人の仕事として、そもそも「もういらないだろ」って思うような商品を作らなきゃいけなかったんです。同じような商品があふれかえっているところに、さらに新たな商品をつくって売ろうとする。だから当然、商品に対する欲望を煽るために、それを広告によって人為的に操作しないといけない。

それに広告代理店って、完全に資本主義に従属しているので、なにか新しいことをやるっていう発想の人はあまりいないんですよ。やっぱりクライアントがいて、何かを売らなきゃいけなくて、そのためにすべてが動いているので、そこにマーケティングをつうじて何か社会的に意義のあることをしよう、という視点はあまり入ってこないわけです。

——広告代理店のなかでではなく、自ら会社を興して活動をしているのにはそういった考え方の違いがあったということでしょうか？

広告の仕事というのは、「今この瞬間に、どれだけ多くの人たちに共鳴してもらえるか」という視点で進められます。だから、ものすごく「共時的」なんですよ。誰もがアクセスできるとか、世代を越えて伝わるとか、あるいは時間をこえて残るとか、そういう価値の構築の仕方は往々にして視野にはいってきません。じっさいに広告は文化として残るものではなくて、むしろ提示された瞬間に消費されていく対象なんです。そういうものだけに注力する仕事なので、それもなんかつまらないな、と今では思っています。

ぼくが広告代理店でやっていた仕事っていうのは、ものすごいスピードでいろんな花を一個

一個描きつづけるようなものなのです。与えられた仕事をぜんぶ片っ端からやっつけていく仕事で、痛快といえば痛快なんですよ。そのときは、自分には才能があると感じる瞬間もあったけど、あとで振り返ってみると、結果的に「いったい何をやっていたんだろう?」と思ってしまう仕事でもありました。

たんに、なにかを売りたい人のためだけに尽くすっていうのが永遠につづく時間が嫌だったのかな……。それで、独立してインターテクストという会社をたちあげたんです。インターテクストのHPにアルチンボルドの作品[5]を象徴的なものとして掲載したのも、そういう意図が背景にあったからです。彼の絵画ではひとつひとつの花が集合して、人間の顔を形成している。こういう、人の顔を描くっていうことがしたくて、今の仕事をやっているんです。

——広告代理店におけるマーケティングと、海野さんのおっしゃるマーケティングは、すこし意味あいが違うように聞こえます。

マーケティングって今、非常にテクニカルなものになりつつあるんですよ。だけど、それは、本来であれば社会的なもので、アイデアや商品を普及させることが社会を豊かにする、あるいは、社会を変革することだと定義されていた。今となっては想像もできないけど、戦後には自動車や冷蔵庫やテレビが登場したことで、たしかに世のなかは変わったわけじゃないですか。そういう考えがベースにあったはずなのに、今はそうなっていない。

ぼくが考えるマーケティングとは、「そもそも人間がどういうふうに暮らしていきたいか、そのヴィジョンを実現するもの」だととらえていただくとわかりやすいと思います。ヨーロッパにいくと感じるんだけど、現地では人々が欲しいと思うものは、すでにだいたい揃っている。そこに新たな商品を投下する余地ってあんまりないんですよ。ワインやパンなどたくさん種類があった方がいい商品は別として、そうではない商品は種類がたくさんなくてもいい、という考え方が消費者に浸透しているから、店頭の品揃えもそういうふうになっている。

逆に日本はそうではない。人々の欲望を操作する広告代理店などがやりたいことをやって、結果的に商品のあふれる社会になってしまっている。そういう意味では、日本の消費者は未成熟だし、幼稚なんじゃないのかな、とも思う。自分たちがほしいものが不明瞭で、なんとなく与えられたもののなかから選ぶ――それが普通だと思わされる環境が消費者にとってはずっと与えられてきたわけです。

広告代理店って、ある意味では「雰囲気」をつくる会社なわけですけど、ぼくも博報堂にいたときに、そういうのに影響されちゃてるのはむしろ自分たちのほうなんじゃないか、と思っていたんです。社員たちはみな、青山通りにそって住んでいる、みたいなところがあるわけですよ。それで経済力におうじて多摩川を渡る、みたいなね。その雰囲気をつくっている自分たちがそれにもっとも影響されちゃっているのが、すごく滑稽だと感じたこともあります。

――そのような環境を変えるために、消費者は何を意識する必要があるのでしょうか?

何かを変えるためには、けっきょく自分たちが何をしたいのかということを、もっと明確化する必要があります。どんな暮らしがしたいのか、どういう街に住みたいのか、どういう社会であればいいのか、現状では多くの日本人にとって、そういう基本的なところがクリアではないような印象をうけます。

どういうところにどう住みたいかで人が集まって、みんなで地域をつくっていく――そういう考え方は、すごく大事なんじゃないかな。かつて宮脇檀《みやわきまゆみ》さんっていう建築家がいらっしゃって、いろんな本を書いていらっしゃったんですけど、その方は都市が好きで、いかにして都市をつくるかについて魅力的なアイデアを提示されていました。彼によると都市とは、人々がいろいろなものを共有するために集まる、そういう場なんです。

――自分で住みたい場所を選択することはとても難しいようにも思われます。しかし、それができれば、地方にもチャンスはあるということでしょうか?

その可能性は否定できないと思います。一般的にいえば、日本人の多くは「住みたいところに住む」ではなく、

(5)ジュゼッペ・アルチンボルド作　連作「四季」(春)
一五七三/パリ・ルーヴル美術館

「住めるところに住む」という基準で、自分の生活の場を選んでいるような気がするんです。通う会社や大学がどこにあるかを基準として、経済力におうじて居住可能エリアの候補がならんでいくイメージですね。逆にいえば、「私はこの町が好きだからここに住んでいる」ってはっきり断言できる人は少ない——そういうところから変えていかないとダメだと思いますね。それに今、自治体のなかでそういう提案を積極的にしているところはまだまだ少ないんじゃないかな。だから、こんな生活がしたいと選択できる人どうしが、そういった情報やヴィジョンを共有していくしかない。

二一世紀の地方でどう生活するかって、それを真剣に考えたらめちゃめちゃクリエイティブじゃないですか。もちろん、それに関する新しいヴィジョンをつくらずして、昔のままで生活していたら誰だって地方での生活に魅力を感じない。じっさいには、現にそうなってしまっているところも多いと感じています。田舎にいけばいくほど、「江戸時代ですか?」みたいな生活をしているケースも多い。昔のしきたりのままで動いていると、都会に住む人だったら「面倒くさくて、今さらそんなところに行けないよ!」って思ってしまう。今の二一世紀に、地方でどんなふうに暮らせるのかっていうのは、改めてデザインされるべき事象なんです。それは地元の人たち自身が世界にアクセスできるようになって、その新たな価値を構築できればなおよいと思います。

——最後に、これからプロジェクトを立ちあげようとしている人に向けて、ひとこと頂けますか。

やっぱり「始めること」じゃないですかね。ネーミングとかかもしれませんけど、なにかプロジェクトに名前をつけて、やることにしてしまえば、やらなきゃいけなくなるし、その第一歩が大切だと思います。

「なんとかプロジェクト」って名前をつけただけで、そこからメディア性がうまれるじゃないですか。誰かがそれに対してアクセスできるようになりますよね。自分のなかで、こういうテーマでなにかしようと思っていても、誰もそれが何かわかんない。だから名前をつけて、それによってヴィジョンを外部化させる——まずはそこからだと思います。

【メディア研究者のメモ】社会をどう読み、どう描くか

海野さんがたちあげた株式会社インターテクストのホームページを参照すると、そこにはジュゼッペ・アルチンボルドによる油彩画「四季：春」が掲載されている。そしてその画像のすぐ隣には、「もうひとつの日本を描こう。」との題目のもとで、彼の仕事に対する思想や姿勢をよくあらわす文章が添付されている――「わたしたちは、この絵を情報社会の縮図と捉えます。この76×63.5センチメートルのキャンバスに丁寧に描き込まれた花々は「テクスト」たち。小さな「テクスト」である花々が織り成すコンテクストが、ここに人物の横顔という意味を浮き上がらせているのです。わたしたちの活動は、花々を描き込むこと、それ自体を目的としていません。私たちは、花々によって浮き上がる、豊かな意味を創造していくことがその役割なのですから」。

もともと大手の広告代理店、博報堂にお勤めだった海野さんは、もうひとつの社会、あるいはもうひとつの日本を描くというヴィジョンのもとで、御自身の会社を設立されたという。彼の言葉を改めて参照しておくと、アルチンボルドの「絵画ではひとつひとつの花が集合して、人間の顔を形成している。こういう、人の顔を描くっていうことがしたくて、今の仕事をやっているんです」というわけである。

このような特徴をもつアルチンボルドの絵画だが、じつは、ぼくがかつて研究[1]していたフランスの記号学者、ロラン・バルトもその作品に論及している。バルトによると、アルチンボルドの「活動は絵画から大きくはみ出した。家紋を作り、公国の紋章を作り、ステンドグラスやタピスリーの下絵を描き、パイプオルガンの外装の装飾を担当し、楽譜の比色分析記法さえ提案したりした」と解説が加えられている[2]。バルトは、器用にもさまざまな仕事を手掛けたアルチンボルドについて、彼を「修辞家」あるいは「魔術

(1) 松本健太郎『ロラン・バルトにとって写真とは何か』(ナカニシヤ出版、二〇一四年)

(2) ロラン・バルト『美術論集――アルチンボルドからポップ・アートまで』沢崎浩平［訳］(みすず書房、一九八六年)

師」と指呼し、しかもその合成された顔の絵について、それを諸侯の気晴らし、あるいはサロンの遊びの役目を果たしたと指摘するのだ。

先述のように、もともと海野さんは日本を代表する広告代理店、博報堂にお勤めだった方である。彼はインタビューのなかで文化産業としての広告のあり方について言及されていたが、現代社会にあふれるそれは商品のイメージを増殖させ、レトリカルな水準で人々の欲望をコントロールするものだともいえる。この、すくなくとも消費者の「気晴らし」には貢献するかもしれない仕事に対して、今、海野さんが取りくんでいるのは（アルチンボルドの秀作とは異なる次元で）オルタナティブな社会の顔貌を構想する試みだといえる。

「ぼくは、ローカル線っていうのはなんらかの象徴だと思っているんです」――海野さんがそう語るように、ローカル線はこれからの日本社会を構想するひとつの切り口になりえる。需要や経済合理性は欠けるかもしれないけど、社会には残さなければならない価値をおびたものがたくさんある。それを改めて見つめなおし、考えなおし、多様な立場の人が集い議論する場所として、また、誰もがアクセスしやすいネーミングをもつ場所として「ローカル鉄道・地域づくり大学」は立ちあげられた。そして、そこは彼がいう「スター選手」を含めて、次世代のプレイヤーを育む場所にもなりうる。

経営者の方、応援団の方、市民団体の方、行政の方、これらさまざまな立場の人々による協同から、ローカル鉄道を拠点に新たな価値が形成される。そして、そこから従来とはまた違った地域社会のあり方がみえてくる。「二一世紀の地方でどう生活するかって、それを真剣に考えたらめちゃめちゃクリエイティブじゃないですか」――海野さんはそう語りながら、これからの時代、地方でどのように暮らせるかということについて、それを「改めてデザインされるべき事象」であると主張していた。地域社会の構造やその文化の魅力をあらためて読み込み、（花と花との関係を、あるいは）人と人との関係をあらたに構想しながら、将来そこから浮かびあがる顔のかたちを想像していく、さらには、それを創造の域まで昇華していくことが求められる時代をぼくらは生きているのだ。

さいごに、バルト研究者としての立場から「インターテクスト」概念について付言していこう。バルトはある時期、読者による解釈の次元、とりわけその読みの多様性を語るために、テクスト相互連関性（intertextuality）なる概念を主張していたことがある。たとえば、ぼくらがある文学作品にふれるとき、その解釈は作者によって全面的に規定されるのではない。むしろ以前にふれたことがあるさまざまな他の作品群、換言すれば、他のテクスト群との関係のなかで、それを多様なかたちで解釈する余地を与えられている。つまり人間はなにか新しいテクストをうみだすときも、また、それを受容するときも、つねに他のテクストとの関係性、もしくは、それとのネットワークのなかで創造行為に従事したり、解釈行為に従事したりするわけである。このような「テクスト相互連関性」（つまり「インターテクスト性」）のイメージ、あるいは、それを前提として描出される「顔」や「社会」の全体像は、あらゆるものがめまぐるしい速度で消費され、個々の「花」や「商品」や「作品」に対する近視眼的な欲望のみが繁茂する現代だからこそ、逆により強く意識されるべきことなのかもしれない。（松本健太郎）

第3部

メディアをつくって現代文化を変える

第七章　もっとファンたちに物語を体感してほしい

だからPKシアターをつくる

◉伊藤秀隆氏

東京都出身。高校卒業後に渡米し、一九九七年にオレンジ・コーストカレッジにて留学生を中心とした映画製作チーム「Planet Kids」を組織する。二〇〇〇年には、学生映画としては異例の一般劇場公開を果たし、日本でもいくつかの雑誌、テレビなどで取りあげられ、注目を集める。二〇〇二年、文化庁在外芸術家研修員として、ジョージ・ルーカスを輩出したことで知られる南カリフォルニア大学に編入し、映画学部で学ぶ。帰国後、フジテレビ系列の「逃走中」シリーズをはじめ、数多くのCMやテレビ番組のディレクターをつとめる。

映画監督としても精力的に活動し、二〇一〇年には、劇場用映画「音楽人（桐谷美玲主演）」を製作。第九回角川映画主宰「日本映画エンジェル大賞」を受賞している。また、Zepp六本木ブルーシアターやパシフィコ横浜にて舞台やライブの演出なども手掛ける。フジテレビ内定者研修講師や映像系専門学校講師を努めており、映像教育にも力を入れている。

◉ＰＫシアター

　映画監督・舞台演出家・役者・脚本家などから構成されるクリエイターチーム。伊藤秀隆氏が一九九七年に立ちあげた映画製作チーム「Planet Kids」が前身となっている。参加者が実際に頭と身体を使って、ときには謎を解き、ときには体力の限りを使いプレイする、テレビやネットなどのヴァーチャルではない「体感型ゲーム」の企画・制作をメインに多彩な活動を展開している。

　また、アニメ・ゲーム作品とのコラボレーションにも積極的であり、体感型ゲームをもちいて、個々の作品のファンたちがその世界を体感できるイベントを開催しており、好評を博している。最先端の技術とアナログの手法を組みあわせ、「人と人」が共に感動できるようなエンターテイメントを創ることで、社会の文化や教育の発展を目指している。

学生による一言コメント

「たんなる受け手にとどまるのではなく、あらゆる機会に参加してつながる。自分で「体感」した経験は、プロジェクトをより刺激的なものにするんじゃないかな」。

［ＰＫシアターHP］

——体感型ゲームの運営をはじめたきっかけをお聞かせください。

ぼくはもともと劇団の運営をやっていました。そしてあるとき、フジテレビの『run for money 逃走中』(1)という番組にディレクターとして参加することになりました。『逃走中』ははじめの頃ふつうの街並みを舞台にしていたのですが、番組がゴールデンタイム（一九時～二一時）に移動してからは、邪馬台国とか江戸時代とかを舞台として設定するようになりました。そういう世界観をつくるためには、たんにセットをつくるだけだと十分じゃないですよね。

「生きた町」を演出するには、もちろんエキストラもたくさん必要になります。それでぼくとADの三名ほどで、二〇〇人から三〇〇人くらいのエキストラを指揮することになったのですが、とてもじゃないけどそんな大勢をさばくことはできません。だからエキストラのなかで機動力がありそうな人、リーダーシップがありそうな人を班長に指名して、チームをいくつかに細分化することにしました。

もちろん、いきなりリーダーに指名されて「え？」となった人もいたとは思いますが、日本人って責任感が強い人が多いから、みんなやる気をだしてすごくまじめにやってくれました。そうすると不思議なことに、それ以外のエキストラの人たちも全体としてまとまってくる。たとえば一〇〇人に対して一斉に説明しても聞いていない人が絶対いるけど、それが一〇人だったらちゃんと理解してもらえる。だから、まずリーダーになった一〇人に説明して、そのあとにリーダーたちがそれぞれ班員の一〇人に説明する——そういうやり方をはじめました。

邪馬台国にしても江戸時代にしても、そういったテーマにもとづいて空間を演出していくのはほんとうに大変で、後者なら時代劇ふうのそれらしい言葉使いや仕草にする必要がありますし、そもそも洋服と着物では歩き方だって違うはずですよね。エキストラとして参加してくれる人はかならずしも演技経験があるわけではないですから、いろいろ指導しなければならない。そういうのを指導するのに、ぼくの劇団の役者たちをつかおうと思って、彼らにリーダーとして入ってもらいました。

そんなふうに、いろんな問題を解決しながら『逃走中』のディレクターをやっているうちに、「役者を使って、もっと「体感」できるようなイベントをつくれないかな」と考えはじめました。でも一般のお客さんが『逃走中』

(1)『run for money 逃走中』は、二〇〇四年からフジテレビ系列で不定期に放送されている番組。町ひとつを舞台にした鬼ごっこであり、出演者（逃走者）が鬼（ハンター）から逃げ切ることができれば賞金を獲得することができる。

のように本気で走ったら、きっと怪我をしてあぶないですよね。だから一般のお客さんでも、安全にそれが実現できないかと構想しはじめたんです。そうしたら知りあいから「「謎解き」っていうのがあるよ」って教えてもらって見学にいったんですけど、スタッフはバイトの人だし、たいした仕掛けもなくて、壁に謎が貼ってあるだけだったんです。それで、「こういうのもいいけど、もっとスタッフとお客さんがコミュニケーションをとれるイベントができないかな」って考えはじめました――それがきっかけですかね。

――体感型ゲームの運営をはじめてから現在までの経緯をお聞かせください。

　最初に体感型ゲームを企画したときは、知人ばかりを四〇人から五〇人くらい呼んで、体育館のなかの会議室をかりて小規模にやったんですよ。はじめての開催なんだけど、いちおうお金は五〇〇円くらいずついただいた。それでも、みんな「おもしろい」っていってくれたので、「これでリハーサルはできた」と思いました。

　そのつぎにやったときは『輪廻のラグランジェ[2]』をテーマにして、けっこう大規模な体感型ゲームにしました。問題だったのは、東京アニメーションフェアにあわせての開催だったのですが、告知期間が三日ほどと十分ではなくて、チケットがぜんぜん売れませんでした。それでも当日、じっさいにゲームをやっている姿をみた人たちが当日券を買いにきてくれて、すごく楽しんでくれたんです。

　その後、それで本格的に展開していこうと思って、ある大人気ソーシャルゲームとタイアップした体感型ゲームをある遊園地で開催しました。そのときは参加者を一〇〇〇人くらいは集めようと目標をたてたのですが、結果的にいえば、そのとおりの集客を実現することができませんでした。そこで脱出ゲームは、ただ人気タイトルとタイアップするだけではダメなんだと学んだんです。

　それと同じ頃、並行して『ゆるゆり[3]』の体感型ゲームも仕掛けていました。そっちはニコニコ生放送でも配信をしていて、そのアニメに出演している声優さんも呼んだわけです。そうしたら、なんと一日で二〇〇〇人くらいお客さんが入りました。それでも、特典景品とかいろいろ経費が発生したので、それを差し引くと、二〇〇〇枚もチケットが売れても収支の方はトントンだったかな……。

　こんな感じで「一切儲けがない」みたいなところからスタートしたわけですが、じつはその後もずっと外れつづきだったんです。ところが体感型ゲームをはじめて一年くらい過ぎたころだったでしょうか、『サイコパス[4]』のイベントを豊島園でやりました。冬のプールサイドをつかって、テロリストから逃げながら謎解きをするというコンセプトだったのですが、これが大ヒットしました。それでやっと儲けがでるようになりました。

つぎにやったのが『サイレントヒル』(5)ですかね。映画会社からいただいた企画だったんですが、これもまた大当たりでした。それ以来、制作費の規模を含めて、いろんなもののバランスがわかってきて、ようやくビジネスとして成立するようになった感じです。

そんなふうに軌道に乗ってきたころに、結婚相談所を運営している会社から「一緒にイベントやりませんか」っていう話があって、ちょうど同時期に、映画配給会社からも「『呪怨』(6)の謎解きゲームやりませんか」って話があったんです。それでぼくは、「街コンと、『呪怨』の謎解きゲームを合体させて、「肝だめしコン」っていうのやりませんか」っていいました。そうやって、結婚相談所と映画配給会社をつなげたんです。

このアイデアによって、映画配給会社としては絶対にリーチできない「これから結婚したい。デートしたい」って人たちをターゲットにできました。たとえば婚活している女子たちのWEBサイトとかでも紹介されるし、女性誌でもどんどん「今最新の街コントレンド！　肝試しコン！」みたいな感じで紹介される。それで映画配給会社は大喜びだったわけですよ。

――事業が軌道にのるまで、資金の調達や運営はどうしていたんですか？

PKシアターはわりと派手なことをやっている印象をもたれるのですが、じつはオフィスがないんですよ。そして、社員もいない。ディレクターだって、プロジェクトごとに契約しています。

過去には二ヵ月ぐらいのあいだ、固定給の制度を導入したこともありました。でも固定給だと、忙しいときにさらに仕事をとってくると、みんな「えーっ」て嫌がる

(2)『輪廻のラグランジェ』は、二〇一二年に放送された日本のアニメ作品。
(3)『ゆるゆり』は、二〇一一年から連載している日本の漫画作品。二〇一一年にテレビアニメ化された。
(4)『PSYCHO-PASS サイコパス』は、二〇一二年に放送された日本のアニメ作品。
(5)『SILENT HILL』は、一九九九年にコナミデジタルエンタテインメントから発売されたホラーゲーム、およびそのシリーズ作品。二〇一三年に『サイレントヒル――リベレーション3D』が公開された。
(6)『呪怨』は、二〇〇〇年に発売された清水崇監督によるホラービデオおよび、そのシリーズ作品。二〇一四年『呪怨　終わりの始まり』が公開された。

んですよね。それまでは、忙しくても仕事が増えれば給料ももちろん増えてたわけです。だから「やります！やります！」って、みんなどうにか自分でやりくりしながらガンガン働いてくれたのですが、固定給になったらどれだけ仕事をしても、給料が変わらないわけです。まぁサラリーマンにとっては固定給ってあたりまえのことなのでしょうけど、やっぱり仕事に対するモチベーションが下がって「ちょっと面倒くさい」になるわけですよ。

じつはぼく、会社に所属したことがないので、サラリーマンの気持ちがわからないんですよ。「なんで給料の金額が決まってんのに、みんな頑張って働くんだろう」って内心では思っています。それに固定給の場合だと、経営者側からみれば、つねに仕事をとってきて従業員に与えつづけないといけない——あたりまえのことだけど、仕事がなければ雇った人はなにもできないし、仕事がなくても給料だけは払いつづけなければならない。それってなんか面倒くさいじゃないですか！

ぼくはサラリーマンの理屈もわからないですし、会社を大きくするためにずっと働きつづける経営者の気持ちもわかりません。その両方とも理解できなかったから「やっぱり固定給はやめよう」っていう判断に至ったんです。それに、うちで働いてくれる人たちも、サラリーマンの気持ちがわかんない人たちばかりですね。なぜかというと、みんなもともとはフリーターの役者だからです。そういう、一般的な社会経験があまりない人たちが集まって成り立っているのがＰＫシアターなんですよ。

——ＰＫシアターにはどういった目標があるのでしょうか？

ぼくがアメリカに留学してたとき、ナッツスケアリーファームっていう遊園地にいきました。そこは、ふだんは子ども向けの遊園地なのですが、ハロウィンの時期だけ、夜間営業で「大人の遊園地」になるんですよ。夜の遊園地って、ロケーションだけで怖くないですか？　そのうえスモークがたかれていたり、怪しい光が灯っていたりするし、おばけが急にこっちに走ってきたりもする。そんな状況でジェットコースターに乗って遊べるんですよ。そんなのめちゃめちゃ楽しいに決まってますよね！そういうのを日本でもやってみたいっていう思いが、ぼくの原点なんです。

それと映画と演劇をずっとやってきて、もうちょっと近いところでお客さんの反応がみたいっていうのもありました。映画とか演劇に含まれる物語を、もっとお客さんに体感してもらいたいと思っていました。ようするに、お客さんがただみているだけじゃなくて、一緒になって参加できる。そういうものなら、なんでもよかったんです。

だからじつは「謎解きが体感なのか」というと、疑問もあるんですよね。ぼくが経験したなかで究極の体感は、『ダイアログ・イン・ザ・ダーク』(7)っていう、暗闇のなかをずっと歩いていくイベント。あれは衝撃的でした……。真っ暗闇のなか手探りで進むんですよ？　まさに「体感する恐怖」です。ぼくとしては、今後もああいったものを目指したいと考えています。

あとは、まだみんながのってくれていないことをやってみたいですよね。なにかをはじめるときには、いろんな人の意見をきいて判断した方がいい場合と、人の意見をきかないでやった方がいい場合のふたつがあります。たとえば、最初に体感型ゲームをやるときは、そんなの誰も知らないわけですから、人の意見なんて聞いてもわかんないわけですよ。だから、「とりあえずやってから考えよう」みたいな感覚で出発しました。最初からみんなの意見を聞いてばっかりいると、なかなか突破ができない壁があるんです。とはいえ、たいていは失敗するし、それを乗りこえながら、過去にはなかったものをだんだんとかたちにしていく長い道のりが待ちかまえているんですけどね。

――ゲームをお客さんに「体感」してもらうためのコツには、どのようなものがあるのでしょうか？

お台場のジョイポリスで開催した『東京喰種』(8)の体感型ゲームでは、ＭＰ３プレイヤーをつかって、無線会話をしている感覚を再現しています。『バイオハザード』(9)とかのホラーゲームって、そのなかに無線での会話ってお約束のようにでてくるじゃないですか。あの臨場感をなんとか体感型ゲームに組み込めたらおもしろいな、と思ったんですよ。たとえば、好きな声優さんの声で「そこをまっすぐ！　その先にスターバックスがあるな？　そこを右！」って聞こえて、実際にまっすぐ進むとスターバックスがみえると、好きな声優さんと一緒にいるような錯覚が生じるわけです。お客さんは「そこにスターバックスがあるな？」「あるあるある！」って体感するじゃないですか。それって、そのファンたちにとってはすごく楽しいですよね。

(7)一九八八年、ドイツの哲学博士アンドレアス・ハイネッケによって発案されたワークショップ。視覚障がい者のスタッフにサポートされながら、聴覚や触覚を頼りに完全に光を遮断したコースを歩く。

(8)『東京喰種 トーキョーグール』は、二〇一一年から連載している日本の漫画作品。二〇一四年にテレビアニメ化された。

(9)『バイオハザード』は一九九六年にカプコンから発売されたホラーゲーム、およびそのシリーズ作品。

——体感型ゲームの魅力のひとつに、参加者同士の協力がありますよね。

そうですね。コミュニケーションのネタとして、謎やおばけを使うときもあります。お客さんたちが初対面で共通の話題がなくても、それで一緒に謎解きに取りくんだり、「きゃー」って逃げ回ったりしているうちに、結果としてけっこう仲よくなったりするんですよね。

街コンとか肝試しコンとかでは、お客さんがずっと同じメンバーで固まらないように、いろんな人と話せるように気をつかっています。そういう場合、チームをいかにスムーズにシャッフルしてあげるかっていうのが重要なので、謎の難易度はすごく簡単にしてあります。謎があんまり難しすぎると流れが停滞しちゃうし、チームが変わったときに「あの謎おもしろかったよね」みたいに、すっとコミュニケーションがはじまるような、みんながすんなりと理解できる謎の方がいいですよね。

あと街コンを運営していて面白いのが、開始時間の一〇分前とか二〇分前とかにはだいたい人が集まってくるのですが、みんな互いに会話しないんですよ。黙って、イベントがはじまるのを待っています。せっかく街コンにきているんだから、どんどん話したらいいと思うのですが。なので、開始前でもお客さんが入ってきたときから、運営側が「はい、じゃあ先に自己紹介をお願いしますねー」などと声をかけてコミュニケーションを促したりとか、場を温めたりして、気まずい時間をつくらないように気をつけています。

——体感型ゲームを運営するうえで気をつけていることはありますか？

PKシアターが運営する体感型ゲームと、それ以外が運営する推理ゲームや脱出ゲームを比較すると、その違いは一目瞭然だと思います。イベントの導入部分では全員が解けるような謎を用意して、できるだけわかりやすく、お客さんをひきこみやすくしています。さらに、お客さんとしっかりコミュニケーションをとることも大事ですね。スタッフは、お客さんひとりひとりに対して、「大道芸かっ！」と思わせるぐらいの対応をします。あとはやっぱり、安全面にはつねに気を配っています。きちんとマニュアルを作成して、緊急のときにスムーズな対応ができるように心がけているんです。

こういうのってやっぱり、うちのスタッフがただのイベントスタッフじゃなくて、「役者」だということがおおきいんですよね。そもそもイベントの仕事にはさまざまな工程があって、ふつうだったら設営のバイトに丸投げ

するような仕事もおおかったりします。でも、そういう仕事もお客さんをどれだけ楽しませるかってことにはかかわります。だからそこで手を抜いてしまうと、それぞれの役者にとっては、エンターテイナーとしてのプライドにもかかわる。うちのスタッフはお金のためだけにやってるわけじゃないんですよね。みんな役者魂っていうか、エンターテイナーとして人を楽しませたいっていう精神を土台としてもっています。

——プロジェクトごとの契約形式だとすると、必要なノウハウはスタッフのあいだでどのように共有しているのでしょうか。

ＰＫシアターのスタッフは、もともと役者なのでみんなある程度のノウハウはもっているんです。うちの役者には小劇場出身の人が多いのですが、彼らはすごく能力が高いんですよ、だいたいのことはできてしまいます。なぜかというと、小劇場って商売ではないんですよ。儲けようとしてるのではなく、必要経費のぶんをノルマにして、チケットを売ってぎりぎりでまわしている。設営とか舞台美術とかも職人さんに任せるのではなくて、できるだけ自分たちでやる文化があります。だから「わたしコードなんて繋いだことありません」みたいな人はまずいないですし、なんでも「教えてくれたらやりますよ」という気持ちをもってくれています。スペシャリストというよりも、むしろジェネラリストがたくさんいて、みんながお互いに協力しながら舞台をつくるのか小劇場なのです。それに、彼らはいろんな劇団をわたりあるいているので、たくさんの人とであっているし、そのなかにスッと入っていかないといけないからコミュニケーション能力もとても高いです。だからプロジェクトごとにメンバーを集めるって方式でも上手くいくんだと思います。

小劇場で役者をやってる人は、稽古をしつつ、アルバイトして生活してるってことが多いようです。それなら、アルバイトでウエイターとかするよりも、うちでバイトしてお客さんのまえに立ったほうが役者としてのスキルアップになっていいですよね。そうやってＰＫシアターを上手くつかってくれるといいな、と思っています。

——最後の質問になりますが、これからプロジェクトを立ちあげようとする人に向けてメッセージをお願いします。

まずやりたいことを明確にして、いっぱい人を巻き込みましょう。だからぼくはまず「体感型ゲームをやる」っていって協力してくれる人を探したんです。

最初に体育館でやったときは「みんな、友達を連れてきてね」ってお願いして、とりあえず人を巻きこんでいきました。そうやってだんだんとプロジェクトをかたちにしていきつつ、一緒に運営する仲間を取り込んでいきますね。それでいろんなお客さんを呼んで、つくったものをみてもらいます。そうすると、お客さんがそれぞれの立場で、「このゲームとこの漫画を組みあわせた方がいいんじゃないか」とか、「この商品を売るのに、こうすると代理店さんが気に入るよ」とかアドバイスをくれて、いろんな人やアイデアをつなげることができるようになります。この「巻き込み」のサイクルをどんどんまわして、だんだんと大きくしていくのが大切だと思っています。

　ただ、もちろん最初は自分ひとりで頑張るしかありません。ぼくがはじめの「巻き込み」をおこすまでは、頼みこんでいろいろ紹介してもらって、とにかく「遊園地でお化け屋敷やりたいんです」って言ってまわりました。直接、豊島園に足を運んでプレゼンしたりもしました。はじめのうちは上手くいきませんでしたが、めちゃくちゃにやってるうちになんとなく市場分析ができてきたのです。ぼくはお化け屋敷をやるために、遊園地からお金をだしてもらおうと思っていたのですが、遊園地はそもそも余分な予算とかがなかったり、遊園地でやってるショーも外からのもちこみだったりっていうことがわかってきました。それがわかれば成功させるためのヴィジョンもみえてくるはずです。だから、いちばん最初は自分ひとりだけですし、何もわからないけれど「とりあえずやってみるか」というかんじでした。

【メディア研究者のメモ】感性的経験のオーガナイズ

社会学者のジグムント・バウマンは、現代人が直面しつつある状況を「リキッド・モダン」（液体的・流動的な近代）として指呼しているが、彼によるとそのような時代においては、「そこに生きる人々の行為が、一定の習慣やルーティンへと（あたかも液体が個体へと）凝固するより先に、その行為の条件の方が変わってしまうような社会」が現出しつつあると理解される。たしかにぼくらが生きる社会は「液体」の隠喩で表象されるほどに急変しつつあるわけだが、そんな状況のなかで、エンターテイメントのかたちはどのように変わりつつあるのだろうか。

　じつはつい先日、伊藤さんが演出を手掛ける二・五次元舞台、「ツキステ」を見学してきた。これはキャラクターCDシリーズ「ツキウタ。」をステージ化したものなのだが、当日、Zeppブルーシアター六本木の一〇〇〇人ちかく入る会場は超満員で、イケメン男性アイドルによるコールアンドレスポンスに反応するお客さんたちの熱気で、独特の空気につつまれていた。ぼくは完全な門外漢なので、目の前のイケメンたちに熱狂する女性ファンたちの挙動、さらには、その総和によって醸成される雰囲気にただひたすら圧倒されつつ、他方では、最近ちょうど編集しおわった本[1]のなかで、メディア研究者の田中東子さんが論及していたことを思いだしていた――彼女によると近年、女性たちの晩婚化および経済的自立が進行しつつある。そしてそのような現状を背景として、「自給自足型の消費主体となった女性たちの増加は、異性愛的欲望とともに男性たちを「見られる客体」の位置におき、消費される対象へと変えていった。しかも彼女たちは、「消費対象としての男性の洗練化」を欲望し、「選択的な消費」をつうじて、それを促進させている」というのである。

　田中さんがその論文「〈スペクタクル〉な社会を生きる女性たちの自律化とその矛盾」[1]において解説をくわえているように、従来たとえば映画のなかの女性は「見られる客体」として、男性たちによるまなざしの対象として設定されてきた。しかし

（1）松本健太郎［編］『理論で読むメディア文化――「今」を理解するためのリテラシー』（新曜社、二〇一六年）収録。

近年では既存の「見る男性／見られる女性」という、ある種の権力性を内包したジェンダー関係は、以前と比べて大きく様変わりしつつある。じっさい田中さんが議論の俎上に載せる二・五次元ミュージカルを含めて、今日の社会では多種多様な形態を取りながら、イケメン文化が花開きつつある。そしてそのような文脈からいうとツキステは、数多くの女性たちを「まきこみ」、彼女たちの感情や欲望をコントロールする文化的装置として作用しつつある、ともみることができるだろう。

たくさんの女性をファンとしてまきこむ文化的装置としてのツキステ——ただし、それは伊藤さんによる仕事のほんの一例にすぎない。インタビューのなかで彼が提示した事例だけでも、テレビ番組であれば『逃走中』、体感型ゲームであれば『輪廻のラグランジェ』、『ゆるゆり』、『サイコパス』、『サイレントヒル』、『呪怨』、『東京喰種』など、それこそ多種多様なジャンルのファンたちがもつそれぞれのコードや反応を事前に察知しながら、また、各種メディアや人気声優などを巧みに起用しながら、伊藤さんはお客さんたちの感性的経験をオーガナイズしていくわけである。

他方で伊藤さんはファンたちの「横のつながり」の形成、言い換えれば、そのコミュニケーション・デザインやコミュニティ・デザインにも気を配っている。たとえば「街コンとか肝試しコンとかでは、お客さんがずっと同じメンバーで固まらないように、いろんな人と話せるように気をつけている」と彼は語っていた。つまりお客さんがコンテンツをより体感的に受容できるように配慮するのみならず、運営側がコミュニケーションの場をデザインすることで、ファンたちのコミュニティを活性化しようと配慮するわけである。

伊藤さんがそのつど異なるテーマのもとで実践するのは、トライ&エラーを重ねながらも（まさに彼がそう語るように）「過去にはなかったものをだんだんとかたちにしていくプロセス」だといえる。しかも彼はつねに変化するお客さんのニーズに対応するため、PKシアターに柔軟な運営体制を導入している。オフィスもなく社員もいないというそれは、彼が「ジェネラリスト」と呼ぶ役者集団でもあり、新しい仕事や状況に対応できるチームになりえている。リキッド・モダン社会における新たなエンターテイメントを模索するために、彼らのチームのあり方もまたリキッドなのだ。

（松本健太郎）

第八章　スポーツにエンターテイメントをもちこみたい

だから琉球ゴールデンキングスをつくる

◉**大塚泰造氏**

滋賀県出身。国際基督教大学卒業後、二〇〇〇年に株式会社ムーサ・ドットコムを設立し、代表取締役に就任。その後、企業家・投資家として多くの企業やNPO法人の設立にたずさわる。現在は株式会社フラッグ取締役、KAKAXI,inc. のCEOなどを務める。

大学在学時にカリフォルニアへ留学し、スポーツマーケティングを学ぶ。得意分野のスポーツとコミュニケーションを活かして二〇〇五年、現在のBリーグの前身で国内初となるプロバスケットリーグ・bjリーグの発足にともない、スポーツイノベーション株式会社を設立。沖縄で「琉球ゴールデンキングス」を立ちあげる。その後二〇一四年に、早稲田大学大学院スポーツ科学科を卒業し、修士号（スポーツ科学）を取得する。

bjリーグでは、マーケティング、マーチャンダイジング（商品政策）などのビジネスオペレーションを統括し、幹事役員としてリーグ全体の戦略策定も担当していた。

◉琉球ゴールデンキングス

プロバスケットボールBリーグに所属する、沖縄県を本拠地とするバスケットボールチームである。二〇〇七年に創部、Bリーグの前身のbjリーグにおいて四度の全国優勝を遂げる。毎試合、会場はほぼ満員を記録し、bjリーグの段階では平均観客動員数が三〇〇〇人を越えている。これは全チーム中でももっとも多く、ビジネス的にも成功したスポーツチームとして注目された。

活動理念は「沖縄をもっと元気に！」、スポーツによって人がより人らしく生きるためのエネルギーをひろげることで、地域社会、子どもに大きな影響を与え、活力のある社会を形成することを方針としている。

その名称は、琉球王国をもとにした「琉球キングス」と、チームカラーである「ゴールド」を一般公募により組みあわせたものとなっている。選手の多くが沖縄県出身であり、沖縄県全域で試合が開催されることなど、地元への繋がりが深いことが特徴である。

学生による一言コメント

「また行きたい！」、「また観たい！」と思わせるアイデアは、どんなプロジェクトを実践するうえでも大切だと感じました。

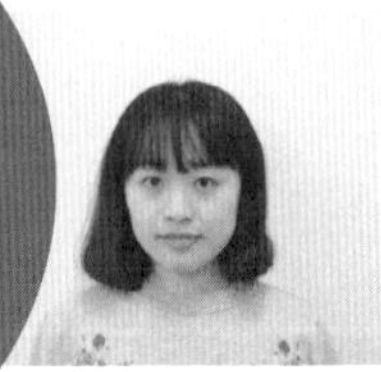

[琉球ゴールデンキングス HP]

——なぜ琉球ゴールデンキングスを立ちあげたのですか？

そもそものきっかけは「ｂｊリーグ」っていう、日本バスケットボール協会とはまったく別の、独立リーグが二〇〇五年に発足したことですね。このｂｊリーグを始めた人たちにはベンチャー企業の社長さんが多くて、その繋がりで開幕戦に招待されたんです。

ぼく自身もバスケがすごく好きだったので、期待して観戦にのぞみました。でもじっさいに会場に足を運んでみると、ぼくの場合、学生の頃からアメリカで本場のバスケの試合を見慣れていたということもあって、それと比べると、ｂｊリーグの開幕戦は一言でいってしまうとイマイチだったんですよ。文化的なバックグラウンドが薄いというか、あんまり本物じゃない感じがして……。で、東京のチームの社長さんに話をきいてみたら、彼も「ＮＢＡの試合なんて観たことない」とおっしゃってました……。

試合が終わったあと、当時の木村育生会長[1]のところに挨拶にいったら、「ｂｊリーグでは最終的には四七都道府県の数までチームを増やす予定で、今、新チーム立ちあげを公募しているから、君も作ったらどうだ」という話をいただいたんです。だからチームを作った理由としては、もともと公共心が強かったわけでも、最初から沖縄にそれをつくるとも決まっていたわけではないんです。自分がずっと見てきた本場アメリカのスポーツエンターテイメントを、日本の人にも見せたいっていう、ものすごくシンプルな理由がベースにはありました。

——チームの立ちあげに沖縄を選んだ理由は何ですか？

ぼくはもともとＩＴ系の仕事をしていました。具体的にいえば、企業のＷＥＢサイトをつくることが専門でした。そんな仕事をしていると、「商品のライフサイクルってめちゃくちゃ早いんだな」っていうのが身に染みてわかってくるわけです。つぎからつぎへと新しい技術がでてきて、それを拾いあげて商品化してクライアントに提案して、っていうサイクルをつねにまわしつづけなくちゃいけない……。しかも普通、商品って時間が経てば経つほど価値は逓減するんです。でもそれとは対照的に、プロのスポーツチームって、時間がたてばたつほど、価値が逓増する。こういうビジネスって、あまり他にはないんです。

自分がチームを作ると決めて、三〇年間は自分がチームのオーナーをやろうと思っていたので、「三〇年後に、どの都市を本拠地にすれば価値があがるのか」ということをまず考えました。その基準となるのは、人口が増え

（1）二〇〇五年に、株式会社日本プロバスケットボールリーグ（ｂｊリーグ）の代表取締役会長に就任。

ているかどうかです。それでいろいろな地域を徹底的にリサーチしました——所得とか人口とか体育館数とか、いろいろな統計を調べたんですよね。その結果、沖縄は総合的にいって条件がよいことがわかりました。たとえば人口は、ホームアリーナから三〇分圏内で、宜野湾を中心に八〇万もの人が住んでいる。これって県の人口の半分強に相当するわけで、商圏としては仙台駅を中心にしてみたときと変わらないくらい人がいるんですね。

あとそもそも、沖縄はバスケットボールが盛んなんですよ。歴史的にいえば、沖縄は戦後三〇年近くもアメリカの統治下にあったので、アメリカ文化の影響が大きいんです。ベースボールとバスケットボールが盛んで、内地では衛星放送でないとNBAが見ることができない時代に、普通にテレビをつければNBAを見ることができる——もともとそういう土地柄でした。

それと沖縄は地元メディアの影響力が強いところで、朝日、読売、毎日、産経、ぜんぶ当日の夕方にならないと届かないんで誰も読んでいない。新聞は琉球新報と沖縄タイムスという二つの地元紙がシェアを半分ずつわかちあっていて、さらに、それぞれがテレビ局をもっている。なので、沖縄の場合には、これら二つの地元メディアをおさえれば情報を県内にひろめることができるので、非常に効率がいいわけです。そうしたいろいろな条件を勘案していって、最終的にチームの本拠地を沖縄に決めました。

——琉球ゴールデンキングスを立ちあげて、これまでに大きな問題などはありましたか？

ああ、それは最初ね、まったく売りあげが伸びず、チームも弱くてさ……。一〇勝三二敗だったかな……それが一年目の成績。もう負けに負けるし……。当時はじめてのチームで、はじめてお客さんを迎えいれてやっていったので、運営のほうが完全に手探りだったんですよね。たとえば、当時チケットは一階自由席と二階自由席だけしかないとか、その価格は適正なのかとか、はっきりいってわからないことばかりだったんです。

設立後に発生した問題をひとことでいうと、「お客さんがはいらなかった」に尽きます。チームの立ちあげで資本金を一億円弱くらいは集めていたんですが、一年目から七千万円くらいの大赤字で、もういきなり債務超過っていう、どうしようもない状態でしたね。

——その問題に、どのような対処をしたのでしょうか？

一年目がダメダメだったので、ぜんぶ見なおしました。まずお客さんを入れなくてはいけないので、どうチケットの売上を増やすかとか、どうマーケティング的に正しい金額をだすかとか。

PSM分析(2)っていう価格を決定するモデルがあるんですが、チケットを販売するときに、いくらから「高すぎて買えない／高い／安い／安すぎて買いたくない」とお客さんが感じはじめるのかをそれぞれ聞いてグラフ化していく。すると「設定可能な一番高い値段」、「ここがボリューム的に一番売れるはずの値段」、「安すぎず高すぎない値段」、「これよりも下げる必要のない値段」がそれぞれはじきだされるんです。そのようにして、二年目からはチケットに関する値段とか体系とかを全面的に見なおして、勘ではなくデータにもとづいた価格を算出しました。

あと、一年目の問題として、顧客情報の管理ができていませんでした。ぼくらスポーツチームの運営側は、チケット販売を業者に委託するのが一般的です。スポーツのチケットはコンビニで一番売れています。販売業者がチケットを売ってくれたらそこで発券されて、売れ残ったぶんはぼくたちのところへ戻ってくる。ここでの問題は、販売業者が誰に売ったかがぼくたちにはわからない、という点です。どこの誰が、どうやって、誰と買ったのか、そういった今後につながる情報がまったくはいってこない。だから顧客情報を管理するためのシステムを自社でつくったんです。

ICチップの入った会員カードを発行し、入場時に自社のデータベースと照合して、どこに住んでいる誰がいつやってきた、とかいう情報をぜんぶ把握できるようにしました。その結果、はじめて来場してくれた人や、もう何度も足を運んでくれる人のデータがわかるようになったんです。そうすると、たとえばリピーターの人に直接シーズンシートのセールスをするとか、顧客の属性にあわせたマーケティングができるようになるんですよね。そういうふうにシステムを整えていくと、ちゃんと翌年からリピーターの数が順調に伸びていきました。

――ほかに、お客さんに繰り返し来てもらうための工夫などはあったのですか?

お客さんに、何を売るか、どう買ってもらうか、っていうところを見直しました。じつはアンケートをとってみると、会場にきている人のうち、四割ぐらいは自分でチケットを買ってないんですよ。たとえば五人で試合観戦に行くとなると、チケットを実際に買うのはそのうちの誰か一人で、他の四人は試合当日に立て替えてくれた人にお金を渡すわけです。だからキーになっているのは、

(2) PSM分析とは、商品やサービスを販売するうえで最適な価格を決定するためのマーケティング分析の手法。

「五人で見に行こう」っていいだす、「チケットを買いに行く人」なんですよ。なので、チケットを買いに行く人に対して、どのような工夫をすれば口コミ経由で友人を連れてきてもらえるのか、来場頻度の底あげをすることができるのか、そういったことを考えることになります。

たとえばファンクラブやポイントシステムを駆使して、その「キーとなる一人」により多くポイントが貯まる設計を考えました。あるいは回数券をつくって、同行者にはポイントが貯まらないけど、チケットを実際に買ってくれた人にはポイントがたくさん貯まるようにしています。ちなみに、この回数券には五枚綴りと八枚綴りを作ったんですが、なんでそんな中途半端な数なのかというと、お客さんが何人で来場しているのかを調べた結果、五と八の組みあわせがもっともチケットの余剰がでやすいことがわかったからなんですね。回数券が四枚綴りだと、ペアの人は二回くればそれを使い切る。でも五枚綴りだと、二人でくる人はだいたいつねに二人でくるから、それを使っていくと一枚余ってしまうことになります。だから二回目の来場時に他の誰かを誘って連れてくるか、あるいは三回目の来場時に一人でくることになるんです。その一方で、二人じゃなくて三人でくる人は、五枚綴りを買うと三枚なくなるから、あまりが二枚になり、そのままでは二回目に三人でくることはできません。だから、はじめから八枚綴りを買ったりするんですよね。でもそうすると三枚使って、つぎに三枚、つぎに三枚をさらに使うことになるので、最終的にその三人が三回来場してくれれば合計九枚のチケットが必要になる――こんなふうに、うまく使い切れない枚数が五枚だったり八枚だったりするんです。

あとはリピーターを獲得するためにアリーナ・エクスペリエンスを重要視しています。どれだけ会場を楽しんでもらえるか、ということですね。たとえば、会場で毎回違うアーティストがハーフタイムに出演してミニライブをするとか、今週はゆるキャラが登場するとか、レディースデイですとか――バスケットボールの試合以外の要素で、どうやって魅力的な体験を与えられるかを工夫することになります。

あるいは、お土産として何か具体的なモノをもち帰ってもらうために、試合の見所や選手の情報が記載されたプログラムを配っていたりもします。あとは、所属ダンサーの女性たちが「わーっ」とでてきて客席にTシャツを投げいれて会場全体を盛りあげたり、とかね。お客さんはTシャツをとろうと立ちあがって体を動かしたりするので、そういう身体的経験って重要な要素のひとつなんですよ。座ってるだけより、記憶に深く残ります。そういった多様な要素を組みあわせることで、お客さんを楽しませ、巻き込んでいくための工夫をしたわけです。

――バスケットボールの試合の外側に、新たな価値を加えていったわけですね。

当然お客さんの期待もありますし、試合で勝てるように最善は尽くしますが、バスケットボールは四〇分間で勝つ方と負ける方を決めるゲームなので、かならず負ける可能性もあります。そのときのお客さんたちの落胆をどれだけコントロールできるかが重要なんです。

スポーツビジネスで重要なのは、「コート内の勝敗とコート外の売上をどれだけ切り離すか」という点に尽きます。そもそもスポーツなんて本来、なんの価値もないんですよ。ボールを追いかけてシュートして――結局のところ、それって遊びにしかすぎないんです。でも、たしかに「遊び」なんですけど、それを記号化・規則化して、誰にとっても認識できるようにし、それをプレイするための舞台をつくり、演出的にみせることで感動が生まれるんです。こんなふうに、新たな経済的な価値を創出するためにも、さまざまなジャンルの人に楽しんでもらえる仕掛けを用意する、ということは大切なことです。

とはいえスポーツビジネスにおいて、勝敗が重要な要素であることは間違いありません。なので、勝敗に関連づけて、お客さんが対戦相手のローカリティを認識できるような企画をアピールしたこともありました。過去の事例でいうと、「対戦相手を食い尽くせ」という企画で、福岡のチームと対戦するときに辛子明太子を提供するものとかね。

――試合外の演出的要素をいろいろと話していただきましたが、そのシステムをつくりあげる際に、なにかモデルはあったのでしょうか?

やっぱりモデルとなったのはアメリカのNBAです。もちろんNBAは競技レベルも最高だけれども、どちらかというとエンターテイメント志向だといえます。お客さんに楽しんでもらおうという意識がとても高い。

当然、勝ったり負けたりはあるんですけど、それでもNBAの会場は賑やかで、そこで多くの人々が喜んだり悲しんだりするんです。アメフトもそうですけど、アメリカのスポーツって時間的な切れ間が多いんですよ。バスケットボールだって、いつでもタイムアウトとれますし。じゃあ、なぜ切るのかっていうと、そのインターバルにエンターテイメントを挟むこむためなんですよ。そこで、たとえばダンスチームの女性たちが踊ったりする。アメリカのスポーツはつねにエンターテイメント寄りで、顧客を意識して商売をしている。それは非常に参考になりました。

――大塚さんがアメリカの本物のバスケを再現しようとする一方で、われわれが実際に観に行ったとき、沖縄らしさを意識した演出もおりまぜられていたように感じました。

沖縄的な要素とアメリカ的な要素をどう混ぜあわせる

のか――じっさいにそれはよく議論したポイントです。結論からいうと、運営サイドが意識してそう誘導しようとしなくても、いずれ自然と沖縄らしくなると思っています。沖縄でやっていればやっているほど、気がつけば沖縄らしくなっていくんです。そこにどれだけアメリカ的な要素を混ぜていけるのかは、いろいろと調整しています。たとえば試合中、オフェンス時には沖縄の三線を使った音楽で、ディフェンス時にはアメリカの音楽を流すとかね。それ以外にも、試合展開が重くてちょっと流れを変えたいときとかは、アメリカンなポップな音楽を使ったりします。あるいは、沖縄的な諧調を使いつつ、こっちではアメリカ的な……みたいなかたちで、それぞれの要素をうまく切り替えながら、お客さんの反応をみて、少しずつそのバランスを調整しています。

――琉球ゴールデンキングスを立ちあげたことで、それが沖縄の人たちにどのような影響を与えたとお考えですか。

沖縄全体ってなると経済効果が何億円みたいな数字はでてますけども、キングスがはじめて優勝したときって、プレイオフの準決勝で大阪とあたって、さらに決勝で東京とあたったんですよね。沖縄の人たちにとって、大阪や東京のチームに勝ったっていうのは気持ちよかったみたいで、それでおおいに盛りあがりました。沖縄の人のアイデンティティをすごく突いたと思います。

また、ぼくらのチームは沖縄出身の選手をおおく採用しています。沖縄でいちばん多い苗字が比嘉さんで、つぎに多いのが金城さんなんですけど、うちのチームにも金城選手がいるわけですよ。そうするとお客さんのなかの金城さんは親近感が湧いたりもするし、また、地元選手とおなじ中学や高校の出身だったりすると、沖縄の人たちは郷土愛が強いので、そういった選手を誇りに思ってくれるようです。

象徴的な話をすると、数年前に入団した岸本隆一って選手がいるんですけど、彼の場合にはどのチームでも活躍できる実力の持ち主なんですよ。おそらく東京とかでプレイする方が給料は高いはずです。だけど、それでも彼は沖縄に戻ってきました。というのも、中学生のときに岸本はうちのチームを観戦しているんですよね。中学三年のときでキングスの試合を観ていた子どもが、高校の三年間、大学の四年間、合計七年間を経て沖縄のチームに入団してくるわけです。今、入ってくる地元出身の選手は、子どもの頃からキングスが身近にあるので、そうすると「バスケット選手」というキャリアを考えたときに、最終的なゴールがキングスになりうるんですよ。

沖縄の子どもたちにとってキングスがそういう存在になったっていうのは、ぼくたちにとっては嬉しいことです。

――地元の子どもたちがキングスに親近感をもつような仕掛けは、なにか用意されていますか？

たとえばバスケの経験のある子どもたちに、ボールボーイやモッパーをやってもらったりしています。子どもたちにとってはプロの選手を間近で見ることができますし、事前のウォームアップのときにボールだしとかもできるので、これはよい経験になりますよね。こういったことは、大人がやるよりは、むしろ中学生や高校生の子にやってもらったほうがよいと思います。

ただそれもバランスがあって、たとえば試合前っていうのは選手にとって、どんどん緊張感を高めていくフェイズなんですよ。ぼくらとしても、たとえば総合格闘技の試合前の選手紹介みたいな、緊張感とか高揚感とかを大切にしようとしています。だから、子どもたちをつかってお客さんを「ほんのり」させるのは、ハーフタイムとかにもってくるのがいいんですよね。あるいは、選手の入場前とかね。でも試合中、それを第三クォーターと第四クォーターのあいだにもってくることは絶対にしないわけです。なぜかって、その時間は、試合終了間際の緊張感を維持したいタイミングになるわけなので、小さいお子さんをだして「ほのぼの」してる場合じゃない。

どういう場で、どういう仕掛けを用意するかで、まったく同じゲームをしていても観客の感じ方、体験の質が変わることがあるので、それをコントロールすることが運営サイドとしては重要になります。

――大塚さんの話をうかがった印象では、堅実なデータに裏付けられたマーケティングは、どのようなプロジェクトを立ちあげるにしても必要なことなんですね。

プロジェクトにはそれぞれの形態があるので一概にはいえませんが、ぼくはマーケティングが専門なので、やはりデータをもとに語ることが多いです。たとえばキングス設立のときでいうと、いきなり若造が東京から沖縄に乗り込んで「チームを作りたい」っていいたしても、ふつうは地元のお偉方にはまったく相手にされません。そもそも沖縄の人は、当時だれもbjリーグなんて知らなかったわけですし……。ただその一方で、データ的にはバスケ好きが大勢そこにいるのはわかっていた。なので、「沖縄ではみながチームを欲しがっている」ことにしてしまおう、とぼくらは考えたんです。

それで、那覇をはじめとするさまざまな町中にポスターを貼りまくりました。背景は真っ青で、そこには「沖縄にプロバスケを！」と書いてあって、原寸大のボールの画像がある。ポスターの一番下には「このポスターの前で写真を撮って送るとプロバスケ観戦ツアーがあたり

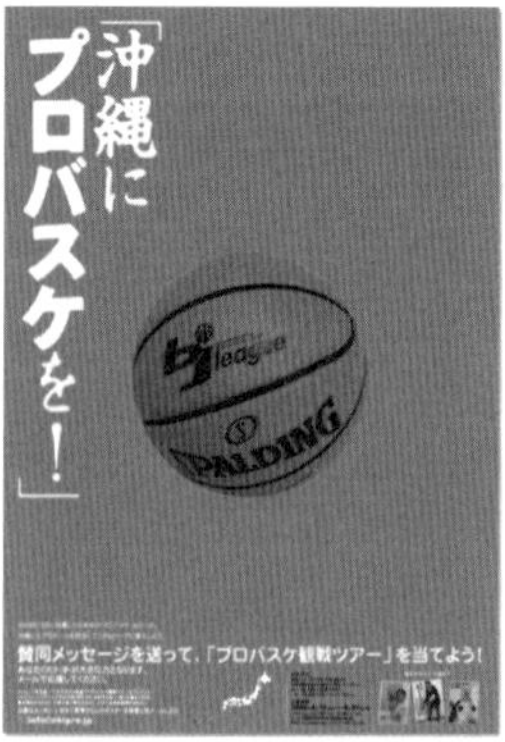

ます」とも書いてある。すると、みんな写真を送ってきてくれるんですね。その集まった写真をならべると、まるで沖縄県民みんながプロバスケのチームを欲しがっているかのようにみえるんです。

その写真群は、地元のメディアや経済界へのアピールに使いました。こういうのって、よくあるパターンは署名活動をして、多くの人が求める要望としてその成果を行政へ提出したりしますよね。でも結局、それだとせいぜいちっちゃく新聞に載るだけで終わるんですよ。それは、何もビジュアライズされていないからです。逆にいえば、署名活動を視覚化できると、メディアにも取りあげられやすい。署名で名前だけが連ねてあるよりも、個々の具体的な「顔」がたくさん表象されるかたちになるので、地元で盛りあがっていることが伝わりやすいんです。役所の人や経済界の人たちも、こういう地元の人たちを裏切りたくないので、話がスムーズに進むようになるんですね。ようは、このプロジェクトを始めるのに共感をえる必要があったので、「沖縄のフランチャイズだから沖縄の人たちに求められている」っていう意識を固めてプロジェクトを開始したんです。なので、プロモーション戦略を練るにあたって注意したのは、どうターゲットを巻き込んでいくかってところと、（すごく卑怯ないい方をすれば）どう巻き込んでいるように見せるかってところを同時に考える、ということです。ほっといたら意志は見えないので、それをどう顕在化させて演出していくか、という点が大切になるわけですね。

ぼくが思う情報の使い方は二つで、一つ目は「自分が正しいと思って作りたいものを作ること」。とはいえ、もちろんそれが受けいれられなかったら意味がないので、「それが市場にどうやって受けいれられるようにするか」を考えるのが二つ目になります。

——最後に、これからプロジェクトを立ちあげようとしている人に向けて、ひとこと頂けますか。

自分の本当にやりたいこと、やるべきことをもちつつ、それをどう見えるかたちにしていくか、伝えていくか、ということが大事だと思います。やりたいやりたいといってても、社会に受けいれられなければ、それは何も価値はありません。自分の実現したいことを、いかに社会に受けいれてもらえるかってことにも、ひろい視野をもって対応することが大切です。ただそっちの方にばかり意識が向いてしまうと元も子もないので、自分の哲学はしっかりもって、目標に向かっていく。

やっぱり、いいことしている人っていうのはいるんだけど、いいことを「いい」っていっても駄目なんですよ。「ある程度の数を動かす」っていうこともしないとならない。なので、自分と社会、二つの視点をもって考えるとよいのではないでしょうか。

【メディア研究者のメモ】地域的なアイデンティティの結節点を構築する

琉球ゴールデンキングスをめぐって、大塚さんが提示した話題は多岐にわたったが、それでも彼の話には一貫したテーマがあるように感じられた。それはつまるところ、マーケティングをつうじて、あるいは、そのための各種のメディアをもちいて、彼の立ちあげたキングスへと人々の注意をひきつけ、さらに人々の行為や感情をコントロールするための導線設計をおこなうことにあった、と考えられるのである。近年において、企業はつねに顧客になりうる人々の注意をひこうと互いに競いあっており、その限りにおいて、ターゲティング広告をつうじた「アテンションエコノミー」（注意の経済）が話題の俎上にのぼることも多いわけだが、まさに彼はそれを現場で考え抜き、つぎつぎに立案した戦略を実践へと移してきた人物なのである。

じっさいに大塚さんのまなざしは、人間と情報をめぐる関係を新たにデザインし、ファンたちがチームに対してもつ興味や関心を最大化する方向へとつねに差し向けられている。「本場アメリカのスポーツエンターテイメントを、日本の人にも見せたい」という、個人的といえば個人的な、また、素朴といえば素朴な夢から出発した彼らのプロジェクトは、綿密なリサーチ――それは県民の所得水準やバスケ人気、商圏や文化の特徴、さらにはマスメディアのあり方などに及ぶ――を前提として、沖縄におけるプロバスケットチームの創設へと結実した。そして勝敗と売上の両面で低調だった一年目の挫折を乗り越えるために、チケット価格の再設定（それ自体、チケットの価格設定を媒介とする顧客とのコミュニケーションの試みだったともいえる）など、さまざまな解決策を講じ、結果的には、リーグ優勝と経営改善を勝ちとることができたわけである。そしてその背景には、成功を導くための、たしかな情報戦略があったわけである。

「コート内の勝敗とコート外の売上をどれだけ切り離すか」――それを目標として語った大塚さんは、チームの敗北がもたらすファンたちの落胆をコントロールするために、さまざまな方法を導入したと回想する。たとえばハーフタイムには、毎回違うアーティストを出演させたり、ゆるキャラを登場させたり、回数券やレディースデイを設けてファンたちを観戦へと誘ったり、さらには会場で地域性を表象するフードを提供したり、Tシャツを客席に投げ込むことで観客を立ちあがらせたりするといった具合に、感情的にも身体的にも人々の行為を制御し、試合以外の側面でそれぞれが魅力的だと思えるような経験を提供できるように、さまざまな工夫や努力を重ねてきたわけである。

「そもそもスポーツなんて本来、なんの価値もないんですよ。ボールを追いかけてシュートして――結局のところ、それって遊びにしかすぎないんです」――しかしキングスの場合、そのたんなる遊びにすぎないものを、さまざまな演出を経て多くの人々を巻き込むスペクタクルへと転換し、そこから新たな経済的な価値を創出したわけである。大塚さんはインタビューのなかで再三にわたり、「どうターゲットを巻き込んでいくか」、あるいはどう「ある程度の数を動かす」か、ということを語っていた。じっさいに彼らがおこなったことは、人に働きかけるための環境を形成すること、学問的ないい方をすれば、望まれる行為の可能性を誘発するための「アフォーダンス[1]」を形成することだといえる。そしてその最たるものが「沖縄にプロバスケを！」をめぐるプロモーションではなかろうか。

「「沖縄ではみながチームを欲しがっている」ことにしてしまおう、とぼくらは考えたんです」――大塚さんはその当時の状況をそんなふうに振り返るが、彼らは上記のキャッチコピーを添えて、ボールを原寸大で表象したポスターを沖縄の至るところに貼っていく。そして試合観戦に応募するため、多くの人々がそのポスターを背景に写真を撮影して送付する仕組みをつくりあげ、それによって集められた画像群を根拠資料として、彼らはさらに地元メディアや経済界へのアピールを展開し、チーム創設への地ならしをしたのである。そして今となっては、毎試合キングスは数千人の観客を集め、沖縄の人々に愛されるチームへと成長を遂げている。大塚さんがいうように「アメリカ的な要素」と「沖縄的な要素」が自然と混ざりあうようになり、スポーツをめぐる新たな地域文化を形成しつつある。まさにキングスは、沖縄における地域アイデンティティの結節点として機能している、といっても過言ではない状況である。

（松本健太郎）

(1) アフォーダンスとは、知覚心理学者ジェームズ・J・ギブソンによる造語であり、「与える、提供する」という意味の英語「afford」に由来する。環境に含まれるさまざまな要素が人間あるいは動物に働きかけ、そのフィードバックにより行為や感情が生じることを指す。

第4部

プロジェクトから考える大学と社会

第九章　日本のポップカルチャーに関するアーカイブ調査ワークショップ

――東京大学サマープログラム「メディアミックス」（二〇一四年）の事例から

谷島貫太

1　はじめに

二〇一四年の七月一四日から二六日にかけて、東京大学にてサマープログラム「メディアミックス」が開講された。これは、角川文化振興財団の寄付によって前年に東京大学大学院情報学環（以下、情報学環）内に設置された「角川文化振興財団メディア・コンテンツ研究寄付講座」の枠内で実施されたプログラムで、海外の学生を中心に東大の学生も加え、日本のポップカルチャーを研究するための国際的な足場を構築することを目的としていた。日本のポップカルチャーに焦点を当てたサマープログラムの先例としては、明治大学の「クールジャパンサマープログラム」があるが[1]、このプログラムは「クール・ジャパン」にふれる文化的体験をオムニバス的に提供するという性格が強い。これに対して東大で開講された本サマープログラムは、研究者志望の学生を明確にターゲットとして設定し、プログラムの内容も、学生たちのこれからの研究をサポートすることを目的として設計された。

初年度のテーマとして「メディアミックス」を取りあげた約二週間のプログラムは、①代表的研究者による理論的講義、②クリエイターや編集者によるインタビュー講義および実践的ワークショップ、③アーカイブ調査ワークショップの三つの軸から構成された[2]。サマープログラム全体をとおして、日本のポップカルチャーを研究するための理論的アプローチを学んだうえで、制作の現場にいるキーパーソンの生の声にふれるとともに、実際に

[1] 明治大学の「クールジャパン　サマープログラム」は、二〇一〇年から実施されている。Cf. http://www.meiji.ac.jp/cip/english/programs/cooljapan/jp/index.html
[2] http://kadokawa.iii.u-tokyo.ac.jp/archive/2014/07/2014-0.html

一次資料を調査することで具体的な研究の手法を習得していく、という総合的な教育プログラムを提供することが目指された。

このプログラム全体のなかでも、とりわけ異色だったのが③のアーカイブ調査ワークショップである。これは、サマープログラムが実施された約二週間の期間内に、日本のポップカルチャーに関する資料を多く収蔵するアーカイブを使用して、グループごとに資料調査をおこない、最終的にその成果をプレゼンテーションする、という内容のものだ。このワークショップをサマープログラムに組み込んだ背景には、日本のポップカルチャーをめぐる海外の研究の多くが、一次資料にあたらずに二次的な文献をもとに展開されているという問題意識があった。今回のサマープログラムでは、プログラムの実施元である東大情報学環の図書室に加え、特別にＫＡＤＯＫＡＷＡおよび講談社に協力いただき、通常は外部には開放されていない社内アーカイブを利用することで、実際に一次資料を調査して研究テーマを見つけていく、というプロセスを学生たちに擬似的に体験してもらうことを試みた。本稿では、サマープログラム「メディアミックス」にResearch Collaboratorとして関わり、とくにアーカイブ調査ワークショップに関しては企画から実施までを継続的にサポートしていった筆者の立場から、このアーカイブ調査ワークショップについて報告するとともに考察を加える。

2　ワークショップ参加メンバーのプロファイル

ワークショップを設計する際には、参加者のプロファイルがきわめて重要な要素となる。参加者の性質、その基本スキルやモチベーションの方向性によって、ワークショップ全体の組み立てはおおきく変わってくるからだ。まずは基本的な情報として、参加者のプロファイルを確認しておきたい。参加者の内訳は、海外の学生二五名、東大の学生一五名の計四〇名。これに海外の若手研究者が若干名加わっている。

ワークショップの参加者はみな、特定のテーマを掲げたサマープログラムへの応募者であり、ワークショップの題材となっている日本のポップカルチャーに関して一定以上の知識をもち、また、ワークショップへのモチベーションもきわめて高い、というある程度均質的な特徴を有している。とはいえその上で、参加者間にも大きな差異がある。

まず、サマープログラムの参加者の半数以上は外国人であり、その日本語能力もさまざまである。読み書きともに堪能な者から、初級から中級レベルの者、さらには一部ではあるが、ほぼ日本語を理解しない者もいた。この事実は、日本語の資料を読み解き、それをもとにプレゼンテーションをおこなうことを目標として設定しているワークショップにとって、きわめて重大な問題である。

また、参加者の所属課程のばらつきも、ワークショップの設計に際して考慮すべき重要な要素である。海外からの参加者のほぼ全員が人文学系を専門としていたが、そのうち四分の三が博士課程の学生であり、残りを修士の学生と学部生がそれぞれ半分ずつ占めていた。今回のワークショップでは、一次資料の調査をとおしてテーマを設定し、資料を読み解いて最終的なプレゼンテーションへと結実させるという、学習・研究のスキルを明確に要求する課題が設定されていたため、当然ながら学部生と博士課程の大学院生とでは差が生まれてしまう。

これらの困難を乗り越えるために、各参加者のプロファイルを読み込み、日本語能力や調査・研究能力をお互いに補完しあえるかたちになるように、慎重に慎重をかさねてグループ編成をした。

3　ワークショップの事前準備

アーカイブ調査ワークショップは、多岐にわたる内容からなる約二週間のサマープログラムの一部として組み込まれているものである。この限られた時間のなかで、テーマを決め、資料を調査し、最終的なプレゼンテーションを実施するまでには周到な事前準備が必要となる。

このワークショップの準備のために、修士課程の大学院生四名に筆者をあわせた五名のチームを組み、情報学環図書室、KADOKAWA社内アーカイブ、講談社社内アーカイブをいくどにもわたり調査した。調査のおもな内容は以下の二点である。

①「メディアミックス」という題材に関連しそうな主要な資料のリスト作成

三ヶ所のアーカイブが所蔵する資料のなかから、「メディアミックス」に関する調査で活用できそうな資料のリストを作成した。それぞれのアーカイブについて、おおよそ五〇～七〇種の資料群の資料がリストアップされた（図9・1参照）。また、日本語を理解しない学生のために可能な範囲で英訳も付した。

②各アーカイブで調査可能な具体的なテーマ候補リストの作成

作成された主要資料をもとに、各アーカイブで調査可能な具体的なテーマをリストアップした。リストアップされたのはアーカイブごとに五～八テーマで、それぞれのテーマと関連する資料の例も挙げられた。一例をあげると、KADOKAWAの社内アーカイブでは、コンピューター雑誌としてはじまりゲーム雑誌、マンガ雑誌へと進化していった雑誌『コンプティーク』の調査をとおして、小説『ロードス島戦記』のメディアミックス展開の歴史を調査しうることがあげられたり、講談社の社内

サンデー毎日、週刊新潮、週刊スパ、週刊ダイヤモンド、週刊東洋経済、日経ビジネス、ニューズウィーク日本版、			
フラッシュ、週刊プレイボーイ、週刊文春、週刊ポスト、			
潮、噂、現代思想、思想、新潮、世界、正論、創、中央公論、			
文藝春秋、SERAI、DIME、ダ・ヴィンチ、宝島、ブルータス、			
プレジデント、ポパイ、明星、メンズノンノ			
<KADOKAWA The Kadokawa Library>			
月刊あすか	*Monthly Asuka*	1985年～2014年	Girl's manga magazine
あすかシエル	*Asuka Ciel*	1994年～2014年	Girl's manga and novel magazine
シエルトレトレ	*Ciel Tres Tres*	2002年～2014年	Girl's manga and novel magazine
月刊ファンタジーDX	*Monthly Fantasy DX*	1991年～2000年	Girl's manga magazine
月刊ミステリーDX	*Monthly Mystery DX*	1991年～2013年	Girl's manga magazine
ザ・ホラー	*The Horror*	1998年～2000年	Girl's manga magazine
ヤングロゼ	*Young rose*	1990年～1997年	Girl's manga magazine
ザ・スニーカー	*The Sneaker*	1993年～2011年	Boy's manga and novel magazine
ザ・ビーンズ	*The Beans*	2002年～2011年	Boy's manga and novel magazine
コミックチャージ	*Comic Charge*	2007年～2009年	Boy's manga magazine
少年エースA	*A Monthly Shonen Ace*	1994年～2014年	Boy's manga magazine
ヤングエース	*Young Ace*	2010年～2014年	Boy's manga magazine
ガンダムエース	*Gundam Ace*	2001年～2014年	Boy's manga magazine
月刊ガンダムエース	*Monthly Gundam Ace*	2003年～2014年	Boy's manga magazine
月刊ニュータイプ	*Newtype*	1985年～2014年	Anime magazine
ニュータイプエース	*Newtype Ace*	2011年～2013年	Anime and manga magazine
ニャンタイプ	*Nyantype*	2009年～2014年	Beautiful Anime girl magazine
ボイスニュータイプ	*Voice Newtype*	2002年～2014年	Anime's dudder magazine
特撮ニュータイプ	*Tokusatsu Newtype*	2001年～2013年	Hero magazine
ニュータイプ韓国版	*Newtype (The South Korean version)*	1999年～2014年	Anime and manga magazine
ニャンタイプ韓国版	*Nyantype (The South Korean version)*	2012年～2014年	Beautiful Anime girl magazine
コンプティーク、月刊コンプティーク、コンプティーク	*Comptiq*	1984年～2014年	Magazine for PC game, TV game user
コミックコンプティーク、コミックコンプ	*Comic Comptiq*	1988年～1994年	Manga magazine
コンプRPG	*Comptiq RPG*	1991年～1996年	Magazine book
コンプエース	*Comptiq Ace*	2005年～2014年	Game's manga magazine
マル勝ファミコン	*Maru Katsu Famicon*	1986年～1996年	Magazine for family computer game user
マル勝ゲーム少年	*Maru Katsu Game Shonen*	1996年～1997年	Magazine for game user
マル勝PCエンジン	*Maru Katsu PC Engine*	1989年～1994年	Magazine for PC engine game user
月刊ドラゴンエイジ（富士見）	*Dragon Age*	2003年～2014年	Manga magazine

図9・1　「メディアミックス」に関する調査で活用できそうな資料リスト

アーカイブでは一九五五年創刊の雑誌『ぼくら』の調査をとおして、黎明期における日本のメディアミック事例を調査しうることがあげられたりした（これらの資料は英語で作成された）。

4　ワークショップの日程編成

ワークショップの日程を組む際には、約二週間のサマープログラムを前半と後半に分け、前半に調査のテーマ決め、後半に実際の調査とプレゼンテーションをおこなう、という配分にした。

前半のはじまりとなる初日には、アーカイブ調査ワークショップについてのオリエンテーション（担当は筆者）を実施し、事前準備をとおして作成した資料を配付したうえで、調査したいテーマについて各自が検討しておくように指示をだした。その後は、毎日のプログラムの終わりにオフィスアワーを設定し、個別の相談に対応しながら、一週目の終わりとなる六日目に半日かけて、グループごとに調査テーマを固めていくセッションを実施した。このセッションでは、各グループが参考資料をもとに議論をすすめ、巡回するサマープログラム教員のアドバイスを受けながら、次週からはじまるアーカイブでの実地調査に入る前に、どのような資料をどのような観点から調査するかの見当をあらかじめ付けていく、という作業をおこなった。

後半では、アーカイブでの調査と、その調査結果の検討をおこない、つぎの調査の計画を立てる振り返りセッションを交互に実施した。この振り返りセッションでは、グループ内での議論に加え、その時点での調査結果をミニプレゼンすることで、教員や他グループからのフィードバックを受けた。ワークショップと振り返りセッションの組み合わせは三回繰り返され、最終プレゼンテーションへと至った。なお、アーカイブ調査に費やされた時間は、三日にわけて合計一五時間ほどである。

5　ワークショップの実施

アーカイブ調査ワークショップに先立ち、参加者たちはまず八つのグループに分けられ、情報学環図書室に三グループ、ＫＡＤＯＫＡＷＡ社内アーカイブに二グループ、講談社社内アーカイブに三グループと割り振られた。各グループ、五〜六人の構成である。このグループの割り振りに際しては、参加者のプロファイルをもとに各自の興味関心が反映されるよう工夫を凝らした。今回は各施設の受け入れ可能人数の問題もあり、それぞれのグループが調査可能なのは、自分たちの担当となったアーカイブのみとなった。

初日のオリエンテーションをふまえつつ、ワークショップが実質的に動きだしたのは一週目の最後に設定された、各グループの調査テーマを固めていくセッションからである。このワークショップでは、ごく短期間で一次資料の調査からプレゼンテーションまでをおこなうという課題が設定されているため、各グループが事前に方向性を決めずにアーカイブで調査を開始するというペース配分では、ゴールまでたどり着けないことがあらかじめ予想された。そのため、事前にグループ内で議論を重ね、調査の方向性を見定める時間を十分に用意し、またスタッフによるアドバイスの体制も整えた。じっさいには、前もって参考資料を豊富に配付したことと、また参加者たちがアーカイブ調査に対して高いモチベーションと目的意識を有していたこともあり、グループごとのテーマ固めは想像していたよりも順調にすすんだ。最終的には用意していた時間が残り、自由時間へと振り替えられた。

アーカイブ調査そのものもきわめて順調にすすめられた。各アーカイブにサポートスタッフがつき、筆者がサポートに入ったのは講談社の社内アーカイブであったが、施設内に入った学生たちは、まずその貴重な資料群（とくに海外の学生にとってはなおさらアクセス困難な資料群である）に驚き、感銘を受けている様子だった。しかし、思い思いにアーカイブ施設内で資料を手に取る時間を少しばかりとると、すぐにグループごとに見当をつけていたテーマにそって、チームワークよく資料を作業スペースにもちこみ、つぎつぎとコピーをとって作業をすすめていった[3]。サポートの仕事は、おもにＷｉ－Ｆｉの利用方法や施設利用上の注意などにとどまり、各グループのテーマにそった調査についてはとくにアドバイスなども必要なく、順調にすすめられていった。

状況は他のアーカイブでも同様であったようで、翌日の調査結果の振り返りセッションでは、各グループともにごくごく簡単に自分たちの調査の進捗を報告した後は、黙々と収集した資料の整理をすすめており、調査の方針が定まらない迷走するグループは一つも出てこなかった。

その後も各グループともにきわめて順調に調査をつづけ、振り返りセッションの一部の時間をアーカイブ調査の時間に振り替えることもあった。各グループは、当初は大まかな方針をもとに調査の対象とする資料に当たりをつけ、参考になりそうなページのコピーをどんどんと取っていくという作業をすすめていったが、平行してグループ内で議論をすすめていくなかで、調査の焦点もより具体的に絞り込まれていった。日程後半になると、グループでの必要な調査がほぼ済み、自身が個人ですすめている研究に関連する資料の調査を始める学生がでてくるほど、作業は順調にすすめられていった。

収集された資料のコピーはグループ内で精査され、重要だと判断されたものについては、用意された環境でスキャンされ、パソコンにデータとして取りこまれた。それらのデータをもとに、各グループがプレゼンテーション用の資料を作成していった。これらの作業は、サマープログラム最終日前日の夕方および最終日の朝に行われた。

6　最終プレゼンテーション

サマープログラム最終日、八つのグループがそれぞれ二〇分間の最終プレゼンテーションをおこなった。下記に各グループの発表テーマを紹介する。なお参考までに、各発表で中心的に使用された資料も付記する。

【情報学環図書室】

グループ1

［テーマ］一般向け、男性向け、女性向け週刊誌における、ビデオゲームの表象のされ方の差異

［資　料］『女性自身』、『週刊時事』、『文藝春秋』、『週刊宝石』、『週刊読売』など

グループ2

［テーマ］「キャッチフレーズ」および「バズワード」のメディア横断的流通

［資　料］『ブレーン』、『AERA』、『週刊文春』

グループ3

［テーマ］山口百恵の表象の分析

［資　料］『平凡』、『週刊TVガイド』など

【KADOKAWA社内アーカイブ】

グループ1
［テーマ］一九八〇年代から現在に至る『ロードス島戦記』のメディアミックスの特徴
［資　料］『コンプティーク』、『ニュータイプ』、『ザ・スニーカー』
グループ2
［テーマ］雑誌から見る日本におけるテレビ・ゲームの受容
［資　料］『コンプティーク』、『ザテレビジョン』
【講談社社内アーカイブ】
グループ1
［テーマ］「のらくろ」を用いた広告に見られるメディアミックス
［資　料］『少年倶楽部』
グループ2
［テーマ］『ViVi』と『なかよし』におけるメディアミックス
［資　料］『ViVi』、『なかよし』
グループ3
［テーマ］子ども向け雑誌におけるメディアミックス
［資　料］『ぼくら』、『たのしい幼稚園』、『なかよし』、『テレビマガジン』など

各グループの発表は、そのテーマのバリエーションだけでなく、あつかわれている資料の時代という点でも、戦前の「のらくろ」、戦後の五〇年代から六〇年代にかけての雑誌『ぼくら』、から八〇年代の『ザテレビジョン』や『コンプティーク』、そして現代のものまで、きわめて多岐にわたる。また、情報学環図書室班は言説に焦点をあてた調査、KADOKAWA班は八〇年代に焦点をあてた調査、講談社班は比較的古い資料に焦点をあてた調査がみられたりと、各アーカイブの性格がそこで実施された調査の性格に強く反映されている部分もみうけられた。

いずれの発表もきわめてレベルの高いものであったが、サマープログラムの教員による審査の結果、「のらくろ」の分析を行ったグループが最優秀賞に選ばれ、賞品が贈呈された。加えて、アーカイブごとに一グループに優秀賞が贈られた。

7　結語にかえて――ワークショップの振り返りと考察

最後に、ワークショップ全体を振り返りつつ、そのデ

［3］各施設にご協力いただき、いずれのアーカイブでも、声を出して議論可能な作業スペースとコピー機を利用できる環境をご用意いただくことができた。

ザインにおいてどこがもっとも重要であったかを考察することで本稿を締めくくりたい。

海外の学生を中心的な参加者として、二週間弱の短期間で一次資料の調査をすすめ、最終プレゼンテーションをおこなってもらう、という今回のアーカイブ調査ワークショップの目標は、それなりに難易度の高いものであったと思われる。この試みが曲がりなりにも成功裏に終えられたのには、おおきく三つの要因があったと思われる。

第一は、参加メンバーの均質性である。バラバラの興味の持ち主が集まってくるのではなく、日本のポップカルチャーに強い関心をもちまたその研究を目指している学生である、という参加者の基本属性は、ワークショップが掲げた高い目標設定に到達するための必須の条件であった。第二は、参考資料の入念な準備である。これは、一方では参加者に必要な情報を提供するという役割を果たしたものであるが、他方では、参加者の自由度をある程度制約する、という役割も同時に果たしている。今回利用したアーカイブ施設には、事前作業でリストアップした資料以外にも大量の、そして多様な資料が収蔵されている。しかしあらかじめ主要資料というかたちで一部をリストアップすることで、参加者の目線がそこに誘導されることになった。参加者に提供される情報をとおして、活動の可能性の幅を暗黙のうちに狭めることによって、短期間での資料調査ワークショップでゴールにたどり着ける可能性を高めた、という側面は明確にあったように思う。そして第三は、当然のことながらワークショップ内容そのものの魅力である。今回のケースでは、各アーカイブに収蔵されている資料に自由にアクセスすることができる、という「体験」がワークショップそのものの最終的な魅力を担保していた。これらの資料は通常では日本人にも容易にはアクセスできないものであり、海外の学生にとってはなおさらのことである。

ワークショップは、「体験」をとおしての学習を提供する機会である。今回のアーカイブ調査ワークショップでデザインされた「体験」の核にあったのは、貴重な資料群に実際にふれ、それらを調査することができるという「中核体験」である。ワークショップのデザインは、それ自体が魅力をもつこの「中核体験」をいかに活かしていくか、ということをたえず意識[4]しながらすすめられた。たとえば多大なるコストを払って各アーカイブに関する資料を用意したのは、調査のための参考資料を提供するのと同時に、のちに直接ふれることのできる資料群をより具体的にイメージしてもらうためでもあった。グループごとにテーマを固めるセッションも同様である。たんに貴重な資料へのアクセスを用意するだけでなく、その貴重性を参加者がしっかりと理解し、想像してもらえるかたちで参加者とその資料との出会いを演出する、ということが今回のワークショップでは重要であったと考える。

本稿で紹介したのは、資料調査を中心に置いたワークショップという限られた一例である。しかし、「中核体験」を出発点としてワークショップ全体の「体験」をデザインし、学習を提供する試みの事例として、他のさまざまな種類のワークショップの試みと通底する部分があると思われる。ここに記録を残しておく所以である。

［4］資料の用意のために、五人のメンバーが手分けして約二カ月近くの期間をかけて3カ所のアーカイブの調査を行った。

第十章　コミュニケーションの産出

――JCA関東支部研究会における議論を起点として

小西卓三・黒臼美穂・佐藤美冬

はじめに

筆者の一人（小西）が支部長をつとめる日本コミュニケーション学会の関東支部では、二〇一五年三月に学部ゼミナール授業での論文執筆や映像制作の指導について考察する研究会が開催された。発表では、学生が関心を抱くコミュニケーション事象に教員の学術的知見をどのように関連させ、理論と実践の往還を実現するか腐心する様子がうかがえた。コミュニケーション理論を教員が専門家として語ったところで、卒業論文や卒業制作に取りくむ学生に訴えられなければ、それらの有用性はあまりない。この点において教室は、理論と実践をめぐるコミュニケーションの場として存在していることがわかる。

理論と実践の往還の実現に関する問題意識を引き継ぎ、同支部は二〇一六年に「コミュニケーションと産出（production）」というテーマで研究会を開催した。その際には、理論を基軸にした教育の有効性に対する疑問から、学生プロジェクトとして「ヒューマンライブラリー」の実践を導入した教員が発表者として報告をおこなった。また、マスメディア、ネットワークメディア企業で制作に関わった後にモバイルコミュニケーションを研究し始めた発表者は、モバイルメディアによる記号産出環境の変容により、メディア制作（production）よりもメディア流通（distribution）が前景化される社会に移行しつつあると論じた。

これら二年間の研究会にかかわった当事者として気づかされたのは、学生によるメッセージ産出を手助けするために授業を運営することの意義である。みずから関心をもつことを学びの場で言語化し、訴求していく一連の行為を楽しいと学生が気づけば、マクルーハンが半世紀以上も前に訴えていた、社会活動も教育現場とみなす「壁のない教室」を実現しうるのではないか、と思い至ったわけである。本稿では、二〇一四年度から昭和女子大学英語コミュニケーション学科で開設されている小西ゼミ（大学三・四年生向け）の活動に焦点をあて、そこに所属する学生たちがいかにして「プロジェクトの種」をみつけて、それに関する作品を執筆しているのか、その実態を報告する。

1　コミュニケーションと社会・歴史
——小西ゼミの成り立ち

「コミュニケーションと歴史・社会」というテーマにもとづいて運営される小西ゼミは、メディア論やコミュニケーション論の視座に依拠し、オーラルヒストリープロジェクトを実施してきた。とはいえ、ゼミ生はかならずしもメディア論を学んできた学生ばかりではない。また、学科のカリキュラム上コミュニケーション論を学ぶ機会はゼミ受講前にはない。そのためか、コミュニケーションという名称が含まれている学科ではあるものの、コミュニケーションをめぐる諸問題をたんに英会話へ還元してとらえてしまう学生もいる。このような現況があるなかで、小西ゼミではメディア論やコミュニケーション論を学びつつ、オーラルヒストリー実践をおこなうことを目標として掲げている。

三年次末に出版する小冊子に執筆される作品のトピックは、「反社会的でない」、「語り手・聴き手にインタビューの結果として危険が起こらない」などの緩やかな条件のもと、ゼミ生が自由に選択する。二〇一四年度、二〇一五年度のゼミ生は表10・1のトピックを選び、作品執筆をおこなった。

学生の関心は多岐にわたるが、昭和女子大学が女性のキャリア育成を強調する大学であることもあって、女性の就業・社会進出・キャリア、サービス・ホスピタリティなどに関するトピックが多い。それ以外には、家族の体験や人生に目をむけるもの、あるいは戦争体験に目をむけるもの、さらには音楽やマクロビオティックなど個人的な趣味嗜好を深く知るためのものなどがある。半数ほどの学生は四年次もひきつづき同じトピックで卒業論文・卒業制作に取りくむことになる。

このような個人プロジェクトの実践を目的とするゼミを開講したのは、日本におけるコミュニケーション研究の発展のためにそれが必要だと考えたからである。パブリックスピーキングやディベートなどが日本の大学で教えられる機会は増えているが、コミュニケーション批評などと比較してメッセージ産出を強調する上級レベルの授業は管見の限り多くはない。社会的なコミュニケーションを分析・解釈するのみならず、みずから発信者として言論を産出する人間を育成することも、今後の日本において、コミュニケーション研究が存在感を増すために必要なことであると考えられる。

表10・1　作品制作のトピック

2014年度	3年次プロジェクトのトピック	4年次卒業論文のトピック
1	祖父母に聞く戦争体験	3年次と同じ
2	嚥下障害の基礎研究	施設における嚥下食について
3	女性の就業について	3年次と同じ
4	ロックファンの個人史	TPPについて
5	ディズニーリゾートでのサービスについて	オタクファンの個人史
6	マクロビオティックについて	3年次と同じ
7	英語教育者の個人史	3年次と同じ
8	ことばの変遷について	3年次と同じ
9	ボランティアについて	ユニクロの広告と販売戦略について
10	TV報道のゲートキーピングについて	3年次と同じ
11	学生起業について	インターネットマーケティングについて
12	TV作成の裏側	TV視聴の調査
2015年度	3年次プロジェクトのトピック	4年次卒業論文のトピック
1	女性の就業について	3年次と同じ
2	空港のおもてなしについて	日本のグリーンツーリズム
3	亀田総合病院について	9.11の集団記憶について
4	空港のおもてなしについて	3年次の発展
5	女性のキャリアについて	3年次と同じ
6	グローバルマーケティングについて	日米のホスピタリティについて
7	祖父母に聞く戦争体験	3年次の発展
8	ホスピタリティについて	3年次と同じ
9	祖父母に聞くファミリーヒストリー	3年次の発展
10	母に聞くキャリアと子育て	女性の社会進出について
11	クラシック音楽について	就職支援について

2　オーラルヒストリーのゼミナール授業運営

オーラルヒストリーは「口述記録を用いた歴史」と定義できるが、保苅（二〇〇四）によると、それは①他人がおこなった口述記録を利用するもの、②みずからインタビューをおこなって口述記録を作成・作品化するもの、③コミュニティに住んで参与観察をおこなうものがある。小西ゼミでは、インタビュー実践を前提に作者として書くことを学ぶため、このうち②の方法を採用している。

三年ゼミの前期において、トピック決定のための企画書執筆と、文献検討をふまえたインタビューガイド（質問リスト）の執筆が学生たちには課せられる。後期では、コメントをふまえて書き直したインタビューガイドをもとにアポイントメントを取り、インタビューを実践する。さらにそれをもとに作品を執筆し、ゼミ生同士で編集・校正を行って作品集を仕上げていくことになる。作品集は三月の時点で完成させ、次年度の三年ゼミで活用されることになる。

①三年次前期――オーラルヒストリープロジェクト、メディア論・コミュニケーション論の導入

オーラルヒストリーに関する知識に乏しいゼミ生が一定のイメージを抱くことができるように、まずは前年度のゼミ生が執筆した小冊子を読んで感想を書くという課題が与えられる。その作品集を読むことで、トピックや執筆スタイルなどを実例によって学び、オーラルヒストリーを理解するための導入がおこなわれる。三年生によって執筆された感想は、著者別に編集して執筆者である四年生に渡すので、四年生たちは自分の作品に対する反応をたしかめ、それを卒業論文にいかすことができる。

二〇一六年度の新たな試みとして、作品の人気投票をおこなって得票数の高かった作品の執筆者を選定し、その学生に三年生のゼミへ参加してもらった。そこで三年生と四年生のあいだで集団インタビューの機会を設け、三年生からはテーマ選択、語り手の決定とアポ取り、インタビューガイドの作成、インタビューの事前準備と実践、書き起こし、作品執筆、大変だったことなどについて質問がなされた。これらの一連の過程をつうじて、三年生は質問項目を作成してじっさいに尋ねるという、後期に実践するインタビューのプロセスを早い段階で経験することができる[1]。ちなみに、この集団インタビューの授業に対しては、学生からは以下のような感想があげられた。

- ●授業にきていただいた三人中二人が身内へのインタビューを行っており、第三者にインタビューをするのは、アポをとったり、現地へ出向いたりと大変なことが多いとわかった。
- ●質問の仕方一つにしても、相手にたくさん話をしてもらえるような質問の仕方をした方が情報を得られ

やすいなど、とてもためになった。

●作品を執筆した時の話をインタビューガイドにそってうかがった。相手から深い話を聞くためには、あらかじめ背景を調べて知識をつけておくこと、質問ガイドをしっかり作成することが重要だと知った。

●インタビューをするうえで重要なことは、ただ質問をしていくだけでなく、自分で話を広げられるように下準備をしていくことであると学びました。

●身内にインタビューを行った先輩が二人いたが、その相手と自分だけの内輪話にならないような文章を書くことが大切なのだと思った。

インタビューの事前準備となるアポ取り、インタビューガイド作成、作者として書くことなどについて、プロジェクト開始前にイメージを抱きはじめていることが、これらの感想からうかがえる。

先輩の作品集を読んだあと、それぞれの学生は自分の作品のテーマを設定することになる。さまざまなトピックが学問的に検討の対象になること、学びが主体的な活動であることを知ってもらうためにも、テーマに関しては原則的には自由に設定できるようにしている。そして五月中旬までにテーマをどのような視点で歴史的に検討していくのかと、その課題がなぜ重要なのかを、学生には八〇〇字程度でまとめることが求められる。

プロジェクトを進める一方で、ゼミ授業ではメディア論やコミュニケーション論などの研究資料、さらには自伝、家族史、雑誌のインタビュー記事などの歴史資料を読み、ディスカッションがおこなわれる。二〇一五年度までは前期の段階から作品研究を中心に据えていたが、メディア論やコミュニケーション論の言説になじみのないゼミ受講生が、どのような立場からインタビューをおこない、実施したインタビューをどのようにあつかって作品を書くのかを構想するためにも、二〇一六年度からは理論的な視座を導入することにした。学生たちはみずからが担当する課題の文献を読み、「媒介性」、「人間の拡張」、「象徴と物語」、「身体改造」、「公共圏」、「サバルタン論」、「代理・表象」、「従属と主体化」、「象徴闘争」などをテーマにディスカッションをおこなう。これらの知見は日常の事象を考察する理論的な視座となり、インタビュープロジェクトを学術的に基礎づけることにも資する。

さらに、さまざまな歴史作品を読むことで、「国レベルの年代記」以外も歴史の対象となることを知るとともに、どのように作品を書いていくか実例をとおして学ぶ。前

[1] 二〇一四年度と二〇一五年度は、前期に外部講師を招く特別授業を実施し、集団でインタビューを実践した。

期をつうじて、学生は作品執筆に役立つ諸理論や諸作品にふれることにより、インタビューのイメージをふくらませていく。そして前期の終わりには、設定した歴史的課題に対するゼミ教員のフィードバックを考慮したうえで、課題設定の書き直しと、文献検討にもとづいて作成したインタビューガイド（質問リスト）を、三〇〇〇字以上で執筆することが学生には求められる。

②三年次後期——インタビュー実施、作品執筆、作品集作成

三年次後期にはインタビューを実施し、作品を執筆したあとで、作品集を仕上げることになる。まず、前期末に提出したインタビューガイドは、担当教員からの提案をふまえて、夏休みの宿題として後期の始めに改訂版を提出することが求められる。語り手との関係構築のため、幼少時代や趣味や仕事など個人的な背景についてたずねる質問を用意すること、語り手が話したいことをふくらませられるように疑問詞（5W1H）をもちいて質問を書くこと、一つの質問文で複数のことを聞いて錯綜した語りが展開されるのを避けること、時系列やトピック別などインタビューの流れを考えて質問を配列することなど、インタビューをつうじて語り手に話してもらいたいことを引きだせるように学生は準備をおこなうことになる。

さらに、どのような立ち位置からトピックにアプローチしているのか、質問によって明示的・暗示的に示されるトピックとの関係についても教員が指摘する。これは、学生が自己言及的にプロジェクトを考察し、自分の偏向を知ったうえで作品を執筆するのに役立つ。

語り手が早いうちに決まっていた場合を除き、学生は語り手を決定してアポをとらなければならない。トピックによっては語り手を見つけるのはなかなか難しい。しかしながら、幸いなことに昭和女子大学は「社会人メンター制度[2]」という学生サポート制度があり、女性のキャリアに関するテーマをあつかう学生を中心に、年に何人かはメンターを語り手としてプロジェクトをおこなうことになる。

インタビュー後は、その内容を書き起こし、作品執筆へと進んでいくが、後期の授業ではこれらの作業に関する技法を学ぶとともに、前期にひきつづいて多様な作品を検討することで、自分が参考にする執筆スタイルを見極めていく。学生が参考できるものを見出せるよう、学術論文に限定せずに一般書を含むさまざまな文体のものを読書課題にしている。

六〇〇〇字以上の作品執筆は一一月末までに終え、一二月から二月初旬までは学生同士、担当教員による編集および校正をおこなって作品の質を高め、冊子の体裁の決定や表紙・目次などの作成をすすめていく。学生は六〇〇〇字程度の作品を執筆したことはないが、インタビューにもとづく原稿の執筆は、素材があるためか問題なくこなしている。しかし他人の作品の編集や校正を行った経験はほとんどなく、さらにゼミ生同士の編集であるからか、編集時に内容に踏み込んだ意見を述べる学生はあまりいない。学生が積極的に忌憚のないコメントを言いあえるゼミの文化を作りあげていくことが、教員からみた現在の課題である。

③四年次前後期——卒業論文・卒業制作

昭和女子大学英語コミュニケーション学科では卒業論文・卒業制作が必修であり、前者は日本語で一五〇〇〇字以上、英語で五〇〇〇語以上の執筆が、後者は映像制作や翻訳などが求められる。四年次のゼミは卒業論文や卒業制作の指導と連動しており、小西ゼミでは三年次の作品集のトピックをふまえてインタビューする人の数を増やしたり、同じ語り手にあらためてインタビューをおこなったり、トピックへの視点を変えてインタビューを実行したりする学生が多い。別のトピックを選ぶ学生がインタビューをおこなう場合には、研究手法の指導は必要がないが、それ以外の場合には研究手法の指導もおこなっている。

3　学生のプロジェクトの振り返りと考察

すでに述べたように、オーラルヒストリープロジェクトで目指しているのは、メッセージ産出への主体的な参加をつうじて、学びを楽しい行為であると学生に気づいてもらうことにある。それでは、じっさいの学生は何をどのように学んでいるのか——以下では、二〇一五年度の作品集に寄稿した二名の学生（黒臼美穂・佐藤美冬）のプロジェクトについて、その振り返りと考察とをおこなってみたい。

二〇一五年度三年ゼミ長の黒臼美穂は、「次の時代の平和のために」という題目のもとで、第二次世界大戦の体験者である自分の祖母にインタビューをして作品を執筆した。黒臼がこのプロジェクトを立ちあげた理由は、戦後七〇年以上が経過し、テレビニュースでは戦争の情報が少しずつ減ってきている印象があり、戦争体験者が年々減少するなか、戦争体験を聞くことが緊急の課題であると思われたためである。さらに、幼少時から自己の戦争体験を黒臼に伝えてきた祖父母が、「このことを是非これからの子どもたちにも教えてあげてね」と話していたこ

[2]　社会人メンター制度に関しては http://univ.swu.ac.jp/career/ca_gakusei-2/menter/ を参照。

とから、語りと記憶の継承も目指していた。黒臼の祖母は東京都葛飾区出身で、戦争当時は小学生だった。毎日のように空襲警報が鳴りつづける東京の生活を避け、妹を連れて一〇歳の時に小学校のクラスで新潟へ疎開したこと、疎開先の状況や出来事、疎開中に家族はどのような生活をしていたかなどを聞いてその内容を作品化した。

直接、祖母から話を聞くことで、マスメディアでは伝えられていない当時の状況を知ると同時に、第二次世界大戦の歴史を忘れてほしくないという祖母の強い気持ちを黒臼は感じとることになった。現在の平和は祖父母たちの世代が作ってきたものであり、今後の平和のために、戦争の記憶を忘れないでおくこと、これからの子どもたちに語っていくことの意味を認識するプロジェクトとなった。

二〇一五年度三年副ゼミ長の佐藤美冬は、「母を通して見る女性のキャリアと子育て」というテーマで、シングルマザーである自分の母にインタビューをおこなった。このプロジェクトは、佐藤の母が大企業と中小企業での仕事を経験して感じたことや、シングルマザーとしてどのように過ごし、子育てをしてきたのか伝えることを目指した。佐藤は母のことを親として、働く女性として尊敬しており、これから仕事や育児を経験していく自分の将来を考え、身近な母を語り手として選んだ。

プロジェクトをとおして、佐藤は、会社での福利厚生の運用の実態を理解することになった。今は女性の社会進出が注目されていることから、育児休暇や短時間勤務などの福利厚生の制度がさまざまな企業で整備されている。しかし、福利厚生の制度を実際に使用できるかという点で、大企業と中小企業は大きく異なる。大企業では社員数も多く、かわりに働いてくれる人がいるため、申請を出せば制度を受けられるが、中小企業では人数も少ないため、制度があってもそれを使うことができない。

母の語りをつうじて理解した社会の実情をふまえて、佐藤は作品では福利厚生の制度を実行できる企業はごく一部であると主張している。さらに、女性の社会進出という言葉が聞かれるものの、まだ日本は男性社会だということも訴えている。こういった社会問題を解決し、佐藤と母のような母子家庭が安心して暮らせる社会づくりを願っている。

黒臼と佐藤のプロジェクトは家族を語り手として選んでいるため、インタビュアー兼執筆者である学生本人と語り手である家族との関係性を意識しつつ、内輪の話題に始終しないような作品執筆が求められた。戦争の語り継ぎの緊急性や、男女雇用機会均等法施行以後の労働環境の変遷に言及することで、それぞれ家族の語りを社会的に意義あるものにしている。

この二人以外も、インタビューを実施して作品を書いた経験について、「思ったよりも六〇〇〇字を書くのはつらくなかった」、「自分で決めたテーマで書くのは楽しかった」、「事前にしっかり質問を作ったため思いもよらないことを聞けた」、「就職活動にも役立つことが知れた」など、おおむね肯定的に評価している。その一方で、インタビュー前に関連する文献をもっと読むこと、インタビューを早めに終わらせて作品執筆にもっと時間をかけることなどが反省としてあげられていた。これらはプロジェクト学習をつうじて深みのある作品執筆をするため、ゼミ運営に関して教員が今後取りくむべき課題であると考えられる。

4　まとめ

大学教育が「大学」という空間で完結すべきか否かは、意見が分かれる問題だといえるだろう。しかしながら社会のあり方や、社会での主要な語りを考察しつつ、それらに対して意義ぶかい問いを投げかけるような「コミュニケーション産出」を助ける学びは、現代社会の潮流を大学に取りいれつつ、大学の強みである洞察の力を社会に投げかけるきっかけとなるだろう。プロジェクトを実践する学生は、社会への認識と生活実践の両面で、ささやかではあるが堅実な変化を経験することになる。そのような学生の主体性をはぐくむ学びを推進する大学教員は、ある特定の学術分野についての権威的専門家という存在から、学生のプロジェクトをともに見つめ、理論と実践を橋渡ししてコミュニケーション産出を促す協働的媒介者・調整者として自己を再規定していくことになるだろう。プロジェクトの種は、大学教員の立ち位置をもささやかに、確実に変えていくのだ。

【参考文献】

金キョンファ（二〇一六）「Production vs Distribution」日本コミュニケーション学会関東支部二〇一五年度定例研究会「コミュニケーションと産出（production）」口頭発表
小西ゼミナール［編著］（二〇一五）『K.O.H.（Konishi zemi Oral History）』vol. 1
小西ゼミナール［編著］（二〇一六）『K.O.H.（Konishi zemi Oral History）』vol. 2
保苅　実（二〇〇四）『ラディカル・オーラル・ヒストリー――オーストラリア先住民アボリジニの歴史実践』御茶の水書房
マクルーハン・M／大前正臣・後藤和彦［訳］（二〇〇三）「壁のない教室」マクルーハン・M、カーペンター・E『マクルーハン理論――電子メディアの可能性』平凡社
松本健太郎（二〇一六）「ゼミナール教育から考える理論と実践を往還することの意味」日本コミュニケーション学会関東支部二〇一四年度定例研究会「ゼミなどにおける研究方法の指導について」口頭発表
山下美樹（二〇一六）『ヒューマンライブラリーの実践と振り返り――コミュニケーションと産出（production）

に焦点をあてて」日本コミュニケーション学会関東支部二〇一五年度定例研究会「コミュニケーションと産出（production）」口頭発表

第十一章　大学教育の現場におけるPBLの可能性を再考する
――「学生映画コンテストin瀬底島」を事例として

山﨑裕行・松本健太郎

1　はじめに

二〇一四年九月初旬、沖縄県名護市の北部生涯学習推進センター、および本部町の瀬底島を舞台として、「学生映画コンテストin瀬底島――想像を創造する場所」が開催された。本イベントは、二松學舍大学の松本健太郎ゼミナールに所属する学生が中心となり、現地の地域社会との連携、さらには地域社会への貢献を企図しながら、四日間にわたるプログラムをつうじて学術講演、体感型推理ゲーム、DJイベント、ワークショップ、映画撮影などが計画された。付言しておくと、本イベントにスタッフとして参加したおよそ四〇名の学生たちは、この種の企画や運営に関するノウハウをもたない者ばかりであった。しかしそれでも学外の専門家の助言をあおぎながら、また現地の方々の支援をうけながら、どうにか期間内にすべてのプログラムを予定どおりに遂行することができた。

「学生映画コンテスト」の準備過程をつうじて、学生と教員のあいだで共有されていた目標がある。それは、この複合的なプログラムを実現するにあたって、ふだんの座学形式の講義では習得しえない知識や経験を得ること、そしてそのための「学びの場」を学生みずからがデザインすることである。

これら二つの目標は、昨今しばしば論及される大学教育上のパラダイム転換にも関連づけて理解することができる。多種多様な形態のものがありうるにせよ、「学生映画コンテストin瀬底島」のような実践型、ないしはプロジェクト型の学びは、今や大学教育の現場においては珍しい試みではなくなった。そしてそのような試みは、急速に変容しつつある現代社会において、学生がみずからをどのような主体としてデザインすべきか、あるいは、大学はそのための学びの場をどのように提供すべきか、といった問いかけをもとに試行された、ある種の「冒険」

だといえよう。なお、このようなプロジェクト型の教育プログラムは、いわゆるＦＤ[1]をめぐる言説の文脈においては、ＰＢＬ（Project-Based Learning）とも指呼されている。

学生主体型のＰＢＬのねらいは、もちろん事例によってさまざまであり、そのアプローチもそれぞれによって異なる。ゆえに、最終的に学生が獲得しうる成果もまた一義的に規定できるものではなく、むしろ複数のスキルの習得が到達目標として掲げられているケースも少なくない。一般的にみればＰＢＬの目的は、（創造力・実践力・思考力・企画力などの）「転移可能スキル《ジェネリック》」をそなえた人材の育成、あるいは主体性や能動性をそなえた人材の育成ということになろうが、見方をかえれば、それに類する言説のなかで必要性が強調される「能力」や「リテラシー」は、現代の環境において要請される人間像、主体像を（間接的ながらも）表象するものである、と把捉しうる。[2]

本稿ではプロジェクト型学習の事例として「学生映画コンテストｉｎ瀬底島」の概要を報告するとともに、今日の教育現場で注目されるＰＢＬの意義を考察していくことになる。

2　PBLとしての「学生映画コンテストｉｎ瀬底島」

もともと松本ゼミナールでは沖縄県の瀬底島にて、二〇一二年および二〇一三年の二度にわたって映画撮影による体験学習を目的とするゼミ合宿を実施してきた。[3]その過程で培われてきた地域社会とのつながりを基盤とし、より多くの人をまきこんで開催されたのが「学生映画コンテストｉｎ瀬底島」である。

それまでの合宿とは異なり、二〇一四年に開催された「学生映画コンテストｉｎ瀬底島」においては、映画撮影が全体のプログラムを構成する一要素として位置づけられることとなった。当該イベントでは、それにくわえて学術講演、体感型ゲーム、ワークショップなどの要素が付加されている。そして何よりも異なるのは、それらを対外的に情報発信して外部からの客を呼び込むという、「イベントをデザインする」といった一面が意識されている点である。

上記のような方向転換のきっかけとなったのは、当時、二松學舍大学で非常勤講師として教鞭をとっていた（本書の監修をつとめる）大塚泰造氏による提案であった。彼は例年どおりに想定されていた合宿計画を学生からひととおり聞いた後に、「ただ映画を撮るだけでなく、地元の人と交流しながら「創る・学ぶ・考える」の回路をもった体感型のイベントをやった方が、学生にとって有意義なのではないか」と前置きをしながら、みずからが視察したカンヌ国際広告祭などの事例をもとに、イベントの企画に関するさまざまな助言をくださった。その提案はわれわれにとっては非常に刺激的で、さっそくそれをゼミにもちかえって検討する運びとなったのである。とはいえ学生からすると、そのようなイベントを手掛けた経験がある者は皆無で、想像の範疇を超える提案でもあったため、当初は何から着手していけばよいのか見当もつかない、というのが実情であった。そこで、われわれは参考になりそうな他大学の事例を探すために、ＰＢＬをめぐるさまざまな文献を渉猟することからはじめたのである。

それでは、ＰＢＬ（Project-Based Learning）とはなにか。山田和人によれば、「プロジェクト型のチーム学習は、学生のアクティブな学びを誘発するための協調共感学習であり、学生相互の学び合う関係を学生自身が育てていくことによってチームの教育力が発揮される、学生の自律的な課題探求型の学びのスタイルである」（山田、二〇一二：一〇三）と説明される。じっさいに彼は自身

［1］Faculty Development の略称。大学教員の教育能力を高めるための実践的方法を意味し、大学の授業改革のための組織的な取り組みを指す言葉である。

［2］中原伸夫は「プロジェクト科目とは何か?」と題された論考のなかで、ＰＢＬをつうじて獲得が期待される力として、「プロジェクト・リテラシー」なる概念を提起している。「知識に加え、課題発見、課題解決、コミュニケーション、マネージメント、企画立案などの能力や、ＩＣＴ（ＰＣやソフトウェアの操作、情報検索など）やライティング、プレゼンテーションなどのスキルが向上する。さらに、マナーや思いやり、挨拶といった態度の変化も見られる。本学では、知識や能力、スキルにプラスして、プロジェクトの遂行に必要とされるリーダーシップ、フォロワーシップ、コンプライアンス、ストレスコントロールといった要素、モラル、良心なども、プロジェクト活動に必要なリテラシーであるととらえており、単に個々のリテラシーを伸ばすだけにとどまらず、さらにこれらのリテラシーを総合的・創造的に運用できるスキル・モラルを身につけて欲しいと考えている。これを我々は「プロジェクト・リテラシー」と名づけている」（中原、二〇一二：一七〇）。ここで描出されている「プロジェクト・リテラシー」概念は、中原の定義を参照するかぎり、多種多様なスキルやリテラシーを包摂した複合的な能力として提示される。

［3］たとえば二〇一三年のゼミ合宿におけるプログラムの全体像は、以下のとおりである。まず準備段階として学生たちがそれぞれ脚本を作成し、それに関するプレゼンをゼミ生のまえで実施する。そして、その数多くの候補のなかから合宿期間中に撮影する数本を投票によって選出する。さらに選定された脚本にもとづいて撮影班をグループ分けし、そのメンバーのなかで監督・キャスト・カメラマンなどを決定していく。そのような準備過程をふまえて、瀬底島にて撮影をおこない、それを大学に戻ってから編集して、最終的に完成した作品を学園祭で上映した。

が手掛けた同志社大学の初年次教育を説明するなかで、そのチーム学習を前提とするプロジェクトの企図をつぎのように説明している。

> これまで受験勉強の影響を受け、常に自分は回答者の立場であることがあたりまえだと思っている初年次の学生にとって検定問題を作るという体験は、自分が解答者の立場から出題者の立場に移行することを意味している。本授業では、そうした立場の逆転によって、学生の学びのパラダイムを転換することをねらっているのである。それは文学研究に即していえば、読者の立場から作者の立場への転換を意味しており、受け手から作り手への意識転換ともいえる（山田、二〇一二：八二）。

　ＰＢＬには、そのやり方によっては、学生のポジションを転換しうる潜勢力があるようである。解答者の立場から出題者の立場へ、または、受け手から作り手への意識転換――山田が主張する「転換」によって、学生たちは教育の場における能動的な主体として再構成されることになる。

　われわれはその端緒として、アメリカで一九八〇年代後半からはじまった「大学教育のパラダイム転換」、すなわち「教員から学生への知識伝授型授業」から（「教員と学生がともに構築する」という前提での）「学生参加型授業」への転換を想起することもできよう（木野、二〇一二：一五八）。あるいは、学生を大学教育における客体＝受益者というよりも、むしろ、その主体＝当事者として位置づける近年の見方は、山形大学における「学生ＦＤ会議」の試みや、あるいは立命館大学における「ピア・サポート」の充実した試みなどに結びついているとも考えられる。

　ともあれＰＢＬのコンセプトに依拠してヴィジョンを共有し、学生たちが企画の準備へと動きだすタイミングとほぼ同時に、筆者（松本）は二松學舍大学の「教育改革プロジェクト」に応募し、最終的に八〇万円の予算を確保することができた。そして学生たちも大塚氏の提案を受け入れ、ゼミ生を中心としながらも、よりひろく学内から人材を募集するために、五月の段階で「メディア祭実行委員会」を設立、山﨑（当時は学部四年生）はその委員長として「学生映画コンテストｉｎ瀬底島」を準備することになったのである。

3　運営体制とプログラム

　イベントの開催が九月上旬に決まり、われわれは四ヵ月の短期間のうちにその準備を完遂しなければならなかった。そのような状況下で、われわれ学生たちが直面したのは、まさに暗中模索ともいえる議論の日々であった。

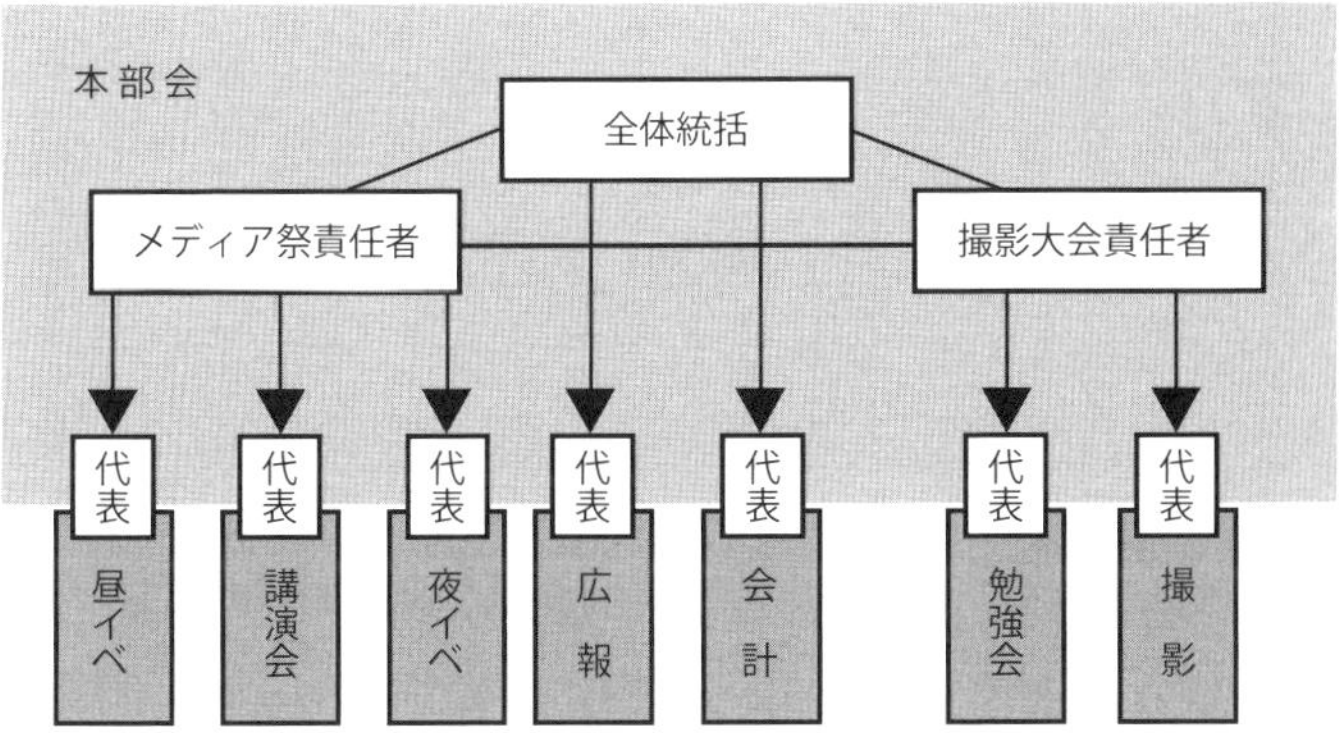

図11・1　運営のための組織形態

依然として前進しない議論を勘案し、筆者（山﨑）がまず必要性を痛感したのは、実行委員会の徹底した組織化と、それぞれの役割分担の明確化であった。限られた期間のなかで、複数のコンテンツを編成し、それらを組みあわせてひとつのイベントとして昇華させるためには、迅速な意思決定と行動とを可能にする体制が必要だったわけである。

4　運営のための組織形態

筆者はゼミナール担当教員である松本准教授、および学生側の中心メンバーと話しあいながら、総勢で四〇名ほどの実行委員を七つの班――「イベント班（昼・夜）」「講演会班」「勉強会班」「広報班」「会計班」「撮影班」――へと割り振り、各班の代表者が決定事項を「本部会」に報告し全体として共有する、という組織形態を採用した。筆者がとくに配慮したのは、いわゆる「ピラミッド型」と呼ばれる組織形態に象徴されるようなトップダウン型の指示系統によって統制をおこなうのではなく、各コンテンツの制作に従事するそれぞれの班については、その責任の範囲内で制作物の方向性や進捗状況を管理してもらう、という点である。他方で、上位の会議体にあたる「本部会」の役割は、個々のコンテンツとイベント全体のテーマとの整合性、あるいは、それらとPBLの意義との整合性をチェックする点にあった。ともあれ「学生映画コンテストｉｎ瀬底島」の準備に際して、スタッフとして参加した学生たちはひとつのコンテンツを制作するだけでなく、同時に、それを収める器として、ひとつのイベントをデザインすることになったのである。

付言しておくと、授業やバイトなどで忙しい昨今の若者たちにとって、話しあいのための時間と場所を確保することは至難の業である。とりあえず学生たちを各班へと割り振り、それぞれの代表者が各班の決定事項を「本部会」に報告して全体として共有する、という情報共有・意思決定の図式を仮設したのだが、実際に各メンバーが対面で会える機会は限られている。そこで活躍することになったのが「ＬＩＮＥ」と「Googleドライブ」というコミュニケーション・メディアである。前者に関しては、学生たちは班ごとに「グループ」を作成し、それによる即応性の高い「トーク」（メッセージのやりとり）によって各コンテンツを制作していった。後者に関しては、学生たちは予算案・タイムテーブル案・免責事項などの原案をクラウドストレージにアップロードし、それをＬＩＮＥによるグループトークでの討議と組み合わせながら情報共有・意思疎通をはかり、コミュニケーションにかかわる制約を乗り越えていったのである。

5 「学生映画コンテストｉｎ瀬底島」概要

その後、メディア祭実行委員会は七月中旬までにイベントのタイトルを「学生映画コンテストｉｎ瀬底島」に決定し、学外向け／学内向けのプロモーションを実行にうつした。前者については、映画撮影チームを募集するものとして、沖縄県下一〇〇校あまりの大学・高校に向けてチラシを発送した。後者については、運営スタッフや参加者を募るものとして、学内向けにフライヤーを作成したり、他のゼミナールにプレゼンをおこなったりした。なお、学内からは、最終的に総勢六〇名を超える学生・職員らが参加することとなった。また、それらと並行して特設ホームページの開設や、ツイッターでの情報発信、フェイスブックページの作成および広告の施行をおこなった。さらにチケット販売については、イベント管理・チケット販売・集客サービスサイトである「Peatix」を用いたシステムが導入された。

他方でイベントの具体的な内容・タイムテーブルに関しては、八月にはいってからようやくその全体像が固まった。まず初日となる九月七日には「「楽」――オープニングフェスティバル」と銘打ち、北部生涯学習推進センターにて①江藤茂博文学部長による特別講演会（一二：一五～一三：一五『観光で変わる空間、観光が変える空間――映画・観光・物語・都市』）、②体感型推理ゲーム『名探偵 刑部大輔の事件簿――桜桃の季節』（一三：四五～一五：三〇）、そして③瀬底ビーチでのＢＢＱ＆ＤＪイベント『Beat Night』（一八：〇〇～二〇：三〇）の三つの催しが組まれることになった。このうち、②に関しては学生たちがあらかじめ台本を書いたうえで、それをPKシアターの総合監督を務める伊藤秀隆氏に監修していただき、体感型謎解きゲームとしての仕掛けの作り方から当日の演出まで、さまざまなご助言をいただいた。また③の『Beat Night』に関しては、学生たちがＤＪのパフォーマンスをおこなうだけでなく、地元の瀬底青年会の若者たちによる伝統芸能エイサーや、現地の方々によるバンドの演奏なども披露された。

つづく九月八日から一〇日までの三日間は、「「学」――撮影大会」と銘打ち、各日ともに午前には『フィルミングワークショップ「プロから学ぶ映像のイロハ」』（一〇：三〇～一二：〇〇）を、午後にはいくつかの撮影班にわかれて島内で映画撮影を実施することになった。なお、三日間にわたりおこなわれたワークショップのうち、八日には俳優の大部恭平氏が、九日には映画監督のＳＡＢＵ氏が、一〇日にはカメラマンであり撮影プロダクション「FSGAME」の代表である福田安美氏が講師を担当してくださった。

これらのワークショップは、イベント当日に聴衆として参加した方々には大好評であった。八日におこなわれた大部氏のワークショップでは、数人の小グループに分かれての自己紹介、つづいてその自己紹介の自らによる再現、さらには他者の自己紹介の再現といった具合に、ある種のコミュニケーションゲームが展開され、「演じる」ということの意味や難しさを体感する仕掛けが用意されていた。

九日におこなわれたＳＡＢＵ氏のワークショップでは、彼が『蟹工船』や『うさぎドロップ』など数々の映画を世に送り出していくなかで、どのようなことを監督として意識しているのかといったことが話題にのぼり、その実体験にオーディエンスの関心がよせられた。このワークショップは講義というよりもむしろ参加者の質問に対して講師が回答する対話形式で進行し、九〇分間のあいだ最後まで質問が途切れることはなかった。

一〇日におこなわれた福田氏のワークショップでは、学生が書いた台本の一部を取りあげて、それをプロのカメラマンが撮影するとどのような映像になるのかということを体感するために、会場の外に飛び出し、街中での実践型講習がおこなわれた。数パターンでのカメラワークで撮影された同一のシーンを、その後、会場のスクリーンで上映して福田氏が解説を加えると、オーディエンスからは大きな歓声があがった。

ワークショップ後、聴衆からさまざまな感想が聞かれるなかで、ある学生がＳＡＢＵ氏による発言から何かに気づいたようであった――その発言とは「関西弁を面白いと感じるのは日本人だけだから、自分の映画は世界中の人に楽しんでもらいたいので、そういうローカルな要素は重視しない」という趣旨のものであった。映画というメディアを介してどのように観客にメッセージを届けるべきなのか――監督のその言葉は、それを聞いた学生にとって、彼自身が本企画を準備するなかで意識しつづけてきた「コミュニケーション」の問題と響きあうものがあったようである。

6 「他者の視点を想像すること」の意味

私（松本）が教育現場で繰り返し指導していることだが、良い文章を書くためには、あるいは良いプレゼンを準備するためには、その読み手／聞き手の受けとめ方をあらかじめ想定しておく必要がある。どういう言葉や文体を選べばどう読まれるのか、どういう言動や振る舞いを選べばどう反応されるのか。あまりにも基本的なことかもしれないが、それを事前に察知して自らのつぎなるコミュニケーションへとフィードバックすることが重要だと思われる。

ひとつのプロジェクトの実現を目標として掲げ、それに向けて学生たちが教員や事務職員、さらには外部の企業や地域の人々と連携するなかで体験したことは、やや大袈裟にいえば、同じ文化や価値観を共有していない他者とのコミュニケーションの積み重ねであり、見方を変えれば、そのプロセス自体がコミュニケーションをめぐる実践的なトレーニングの場でもあったともいえる。たとえば沖縄県観光コンベンションビューローを訪問して学生たちが自分たちの企画の説明をする、あるいは、SABU氏の所属事務所に電話をして講演依頼をおこなう（その後「依頼文」を作成して発送する）等々の局面で、ときに学生たちは緊張した面持ちで、大人たちの発言や提案に全力で対応していった。その過程では、思いどおりに交渉がすすまないときもあり、また、想定外のレスポンスが返ってくるときもある。学生たちは外部の人間との折衝を繰り返していくなかで、少しずつ、何をどのように伝えれば自分たちの意図を効果的に伝達することができるのか、各自のスタイルを体得していったように思われる。

もちろん失敗もたくさんあった。既述のとおり、最終的なイベントタイトルは「学生映画コンテスト」に落ち着いたわけだが、その決定前、学生たちは有力候補として「学生映画バトル」というタイトル案を用意していた。だが本案はそれを提示された大塚氏によってあっけなく却下された――「戦争の傷跡が残る沖縄で「バトル」とは、いかがなものかと思うよ」。よく考えれば当たり前とも思えることが、学生には気づかないこともある。このような「小さな失敗」を積み重ねながら、確実に一部の学生は「他者の視点を想像すること」の重要性と困難性に気づいていったようである。

7　結語にかえて——社会と連携したプロジェクトの意味

「学生映画コンテストｉｎ瀬底島」最終日の夜、全てのイベントの完了を祝って、瀬底ビーチ近くの会場でアフターパーティが催された。夕日が沈んだ海岸沿いの美しい風景を背にしながら、学生たちがＤＪをして来場者をもりあげ、地元の方々が奏でるギターや三線にあわせて皆が歌い、なんとも不思議な異文化交流の現場がそこには出現していた。

中締めの際、実行委員の中心メンバーがつぎつぎに挨拶していくなかで、より多くの拍手が寄せられたのは本間竣君であった。一見すると大人しそうな印象の学生であるが、サッカーでたとえると「運動量の多いボランチ」のように獅子奮迅の活躍を途中からみせはじめ、その成長を誰もが認め、誰からも信頼されるようになっていった。今回のイベントがなければ、誰も（ひょっとしたら本人も）そのような彼の資質に気づくことなく素どおりしていたのかもしれない。

彼だけではない。本企画の運営に加わった学生たちの多くは、全体として共有された目標を達成するために、各自ができることを自発的に探し、発見された課題をチームとしてクリアしていった。そしてそれぞれ異なった立場から本企画にかかわった学生たちには、その視点の違いにおうじて異なる「学生映画コンテスト」の見え方があり、さらには異なる成長の道筋があったはずである。

もちろん「学生が教育の枠組みをつくる教育」という方針は、そのフレーム設定に関与したがる学生とそうでない学生とのあいだである種の温度差を生じさせてしまうリスクをともなう。だが個人的には、それで良いのではないかとも思う。大学には、当然だがさまざまな能力や価値観をもった学生が集う。それぞれの学生の成長目標やその軌跡は異なって当然であり、画一化された視点からのみ判断しうることはじつは限られている。そのことに気づくきっかけを提供するためにも、座学をいったん脇において「書を捨てよ社会へ出よう」と呼びかけてみることの意味があるのではないだろうか。

【付　記】
本論文は、小田隆治［編］『大学におけるアクティブ・ラーニングの現在——学生主体型授業実践集』に所収された「学生映画コンテストｉｎ瀬底島——ＰＢＬと大学広報とを連携させる試み」（松本・鈴木、二〇一六）をもとに、それを改稿したうえで執筆したものである。

【参考文献】
木野　茂（二〇一二）『学生とともに作る授業、学生とともに進めるＦＤ』清水　亮・橋本　勝［編著］『学生・

職員と創る大学教育——大学を変えるＦＤとＳＤの新発想』ナカニシヤ出版
中原伸夫（二〇一二）「プロジェクト科目とは何か？——ＰＢＬ授業の支え方」清水　亮・橋本　勝［編著］『学生・職員と創る大学教育——大学を変えるＦＤとＳＤの新発想』ナカニシヤ出版
松本健太郎・鈴木信子著（二〇一六）「学生映画コンテスト・ｉｎ瀬底島——ＰＢＬと大学広報とを連携させる試み」小田隆治［編］『大学におけるアクティブ・ラーニングの現在——学生主体型授業実践集』ナカニシヤ出版
松本健太郎・山﨑裕行・飯塚貴彦・本間　竣（二〇一五）「ＰＢＬを基盤とする大学のソフト・パワー形成に向けた試み——「学生映画コンテスト・ｉｎ瀬底島」におけるその実践例をもとに」『人文論叢』九四
山﨑裕行（二〇一五）「ポスト・グーテンベルク期における「リテラシー」概念を再考する——ＰＢＬ言説に認められる人間像・教育観を題材として」『人文論叢』九五
山田和人（二〇一二）「君は何ができるようになったのか——プロジェクト型チーム学習と初年次の導入教育」清水　亮・橋本　勝［編著］『学生・職員と創る大学教育——大学を変えるＦＤとＳＤの新発想』ナカニシヤ出版

おわりに

監修者を代表して
大塚泰造

ほとんどの起業家や会社経営者は、大学卒業後いったんビジネスの世界にはいってしまうと、せっかく学んだ知識を経営へと活かすチャンスもなく、アカデミアとの関係を断ってしまうのが自然な流れなのかもしれない。「大学卒」という肩書は、学歴社会というテーマパークへの入場に際して手許に残る半券のようなもので、ひとたびエントランスを通過してしまうと、何かの拍子でポケットから取りださないかぎり所持していることさえ忘れてしまう類のものでもある。とりわけ人文系の学部卒業生の場合、かつて学府で得た知識や経験を、その後のキャリアに活かせていると胸をはって言える人間は、どれほど社会にいるだろうか。

では、そのような現況は何に起因するのだろうか。いったん入学すれば、よほどのことがないかぎり卒業可能な、ベルトコンベア式のマスプロ教育が原因なのだろうか。それとも、教育を受ける学生側の意識の問題なのだろうか。あるいは「社会で使える」学びを提供しえていない大学側の課題なのだろうか。もしくは、そもそも高等教育をうけることなど、社会で生きていくうえで本質的には不必要な〝装飾品〟でしかないのだろうか。われわれは今のような時代だからこそ、もういちど「大学」と「社会」との関係を、「大学」と

「ビジネス」との関係を問いなおしてみるべきだとも感じる。

ちなみに私の場合だが、大学を卒業する直前に起業したこともあり、大学という世界からビジネスの世界へとシームレスに移行していった。卒業論文と事業計画を並行して執筆し、卒業旅行や卒業式といった学生時代の終わりを告げるイベントを素通りして、学籍がある状態でいきなり社長になった。とはいえ、最初の社員は同級生だったし、アルバイトは部活の後輩だった。「学生起業家」といえば聞こえはいいが、たんに社会経験のない、学生の延長のような社長だったと思う。そのおかげで、おおよそ考えられる全ての失敗を経験し、会社をはじめて半年で債務超過。倒れないのが不思議なくらい、会社は傾きっぱなしだった。「学生がいきなり会社なんてはじめるもんじゃない」と、正直いまは思う。

ただ、そうやって学生の時に「ムーサ・ドットコム」[1]という会社を立ちあげたからこそ実現できたことがひとつある。役員をそれぞれの実務能力とは無関係に、未来のヴィジョンだけを考えて選べたことである。なにしろ当時は自分の実務能力さえもよくわからないのである。他の役員の実力など測定する術もなく、単純に「こいつと話すと自分の視野が広がる」という人間を役員に選んだ。

そのうちのひとりが出雲充。当時まだ一九歳だった彼は世の中のあらゆる分野に表層的に詳しく、自分の立ち位置を自分の周囲からの距離によって固定させていくような、一言でいうと立ち回りの上手い、とても頭の良い男だった。彼との会話を通じて、私も社会における自分や会社の座標を求めていった。その後、彼も学生時代からの親友と起業し、いまでは一部上場企業「ユーグレナ」[2]の社長である。

もうひとりが木村達郎。「知識」より「知恵」が働く男で、学習能力が非常に高く、ビジネスの世界に関しては素人同然なのだが、何かを問うと正確にボールを返してくれた。のちに（本書でもとりあげた）琉球ゴールデンキングスを私とともに立ちあげ、いまなおその代表取締役兼GMとして、チームの運営と球団経営とを両手でハンドリングしている。

そしてもうひとりが、監修者として本書を共同で企画した松本健太郎である。たしか当時、彼は京都大学大学院の修士課程に在籍していたと思うのだが、年に何度か会っては、延々と答えのない議論を交わした。生半可、相手が同じビジネスマンだったりすると変に見栄をはったり、ポジショントークに陥りがちだが、相手が記号学を研究する大学院生となると、もはや何かを比べる基準すらなく、いつまでも学生時代のような議論をすることができた。それが実際のビジネスの役に立ったか、社業に貢献したかというと、おそらくそうではない。しかし彼とのディスカッションは、私が自らの座標を正確にプロットするための一助になったとは思う――ともあれ思い返してみると、彼ら当時の役員たちは、それぞれがある「視点」や「尺度」を私のなかに持ち込む存在だったといえる。


［1］株式会社ムーサ・ドットコムとは、ウェブサイトの設計・デザインを専門とするプロダクシコン。二〇〇〇年、創業。二〇一一年、株式会社フラッグと合併。

［2］株式会社ユーグレナとは、微生物であるミドリムシを取り扱うバイオベンチャー。二〇〇五年、創業。二〇一二年、東証マザーズ上場。第一回日本ベンチャー大賞受賞。

一次元の世界では目標まで「遠いか／近いか」の尺度しかない。貨幣経済においては、企業の活動はその稼いだ貨幣の多寡によって計測される。しかし現在、世界はあまりにも複雑化し、「儲かるか／儲からないか」といった単純な尺度では解決しえない課題が山積している。目標をもつこと、そこへと一直線に到達するエネルギーはたしかに大切だが、はたしてその目標は、無数の課題を抱えた世界のどこへと位置づけうるのか、それを多角的に検討する必要がでてくる。そして自分とその目標物との正確な位置関係を把握するためにも、ときには経済的な尺度とは異なる尺度、たとえば学術的な視座が提供してくれる尺度をもって、〝三角測量〟をおこなうことも意味があると思われるわけである。

じっさい、本書でとりあげた八つのプロジェクトは、どれも経済的な尺度のみからでは評価できないものばかりである。では、どうやってその新たな価値を見いだせばよいのであろう――そのような問いを意識しながら、本書では各プロジェクトに対して二つの視点を設定することにした。一つ目は、インタビュアーとしての若者、すなわち大学生としての視点。二つ目は、各インタビュー記事に「メディア研究者のメモ」との題目でエッセイをよせた松本准教授の視点である。前者に関して付言しておくと、本書はＰＢＬ（プロジェクト型の学び）の一環ということもあるので、できるだけ学生によるインタビュー当時の臨場感やリアリティを残そうとつとめた。とはいえプロが編集したインタビュー記事とは異なるので、かなり「生っぽい」というか、皆さんにとっては読むのに引っかかる部分があったかもしれないが、なるべく学生が関心をもった部分を活かそうと試みた次第である。他方、後者に関して付言しておくと、松本准教授には研究者あるいは教育者として立場から、それぞれのインタビューに対するエッセイの執筆をお願いした。学術的な内容を含むこれらのエッセイによって、各インタビューイーご本人たちにとっても、何らかの新鮮な発見があったのではないだろうか、とも思う。

二次元の世界では、三角測量によって既知の一辺と二つの角度によって測定点の座標を得ることができる。しかしわれわれが生きる現実世界は、二次元よりもさらに複雑かつ流動的であり、より多くの視座をもつことによって、ようやくその測定点の座標をめぐって、おおくの人々の合意を取りつけることができる。つまり目標となる座標に（経済的なものにせよ、それ以外のものにせよ）単一の視点に依拠しながら直線的に眼差しを向けるのではなく、それを（学問的なものも含めて）複数の視点に依拠しながら多角的に測定していく――そしてそのようなイメージでとらえてみた場合、本書の主題でもある「メディアをつくる」という営為や、さらに、それを学問的に考察するという営為は、じつは社会が複数の尺度を獲得するうえで有意義なのではないかと考えられる（じっさいに本書でとりあげた各プロジェクトは、何らかのかたちで、社会に新たな視点を打ち立てることに寄与している）。

社会をデザインするために、メディアをつくる。そしてそのメディアをつくる営為は、社会に新たな「視点」や「尺度」を導入する契機にもなりえる。監修者としては、本書に収録された各インタビューをつうじて、あるいは、それらに対して加えられた各エッセイをつうじて、新たな「視点」や「尺度」が読者の皆さんにもたらされることを願っている。きっと、それが（社会をデザインするための）新しい「プロジェクトの種」になるはずだから。

◉本書の制作プロセス

二〇一五年
一月　メンバー選考
担当割り振り
一一月　本間さんインタビュー
一二月　大塚さんインタビュー

二〇一六年
一月　海野さんインタビュー
石井さんインタビュー
二月　伊藤さんインタビュー
丸さんインタビュー
高橋さんインタビュー
三月　今村さんインタビュー

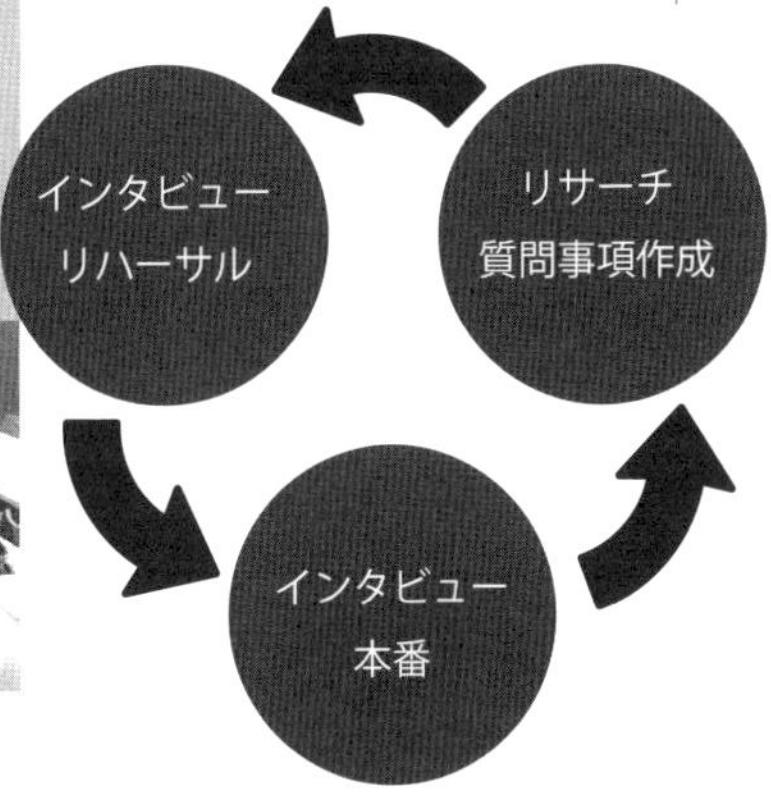

担当グループがインタビュイー役になりきってやりました！

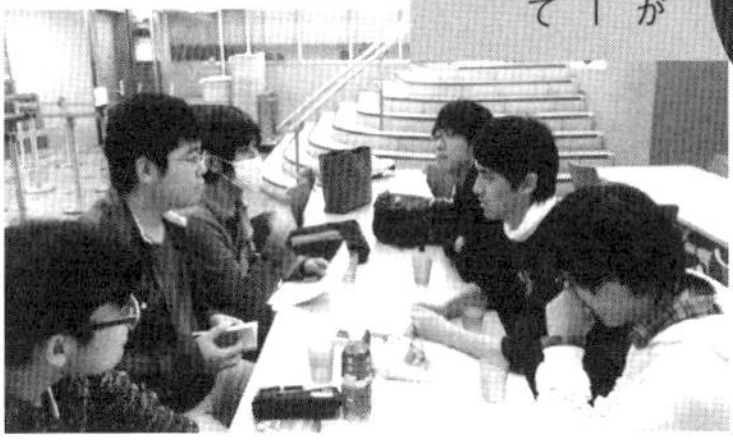

インタビューリハーサル風景

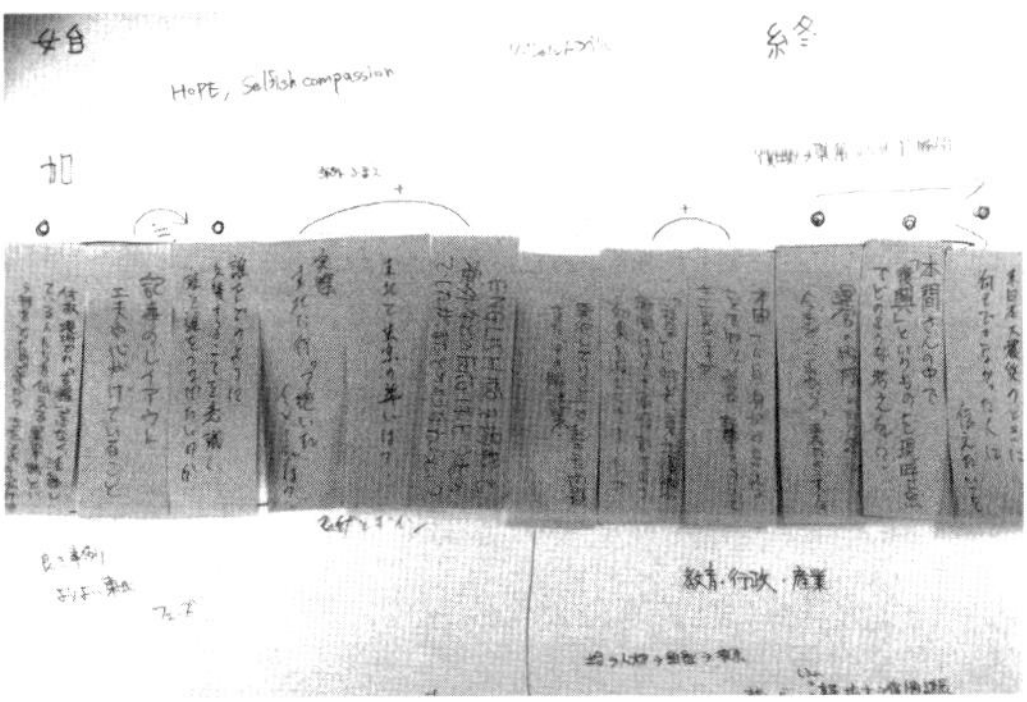

じっさいに作成した質問事項とインタビューの流れ

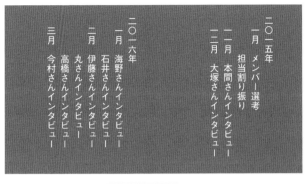

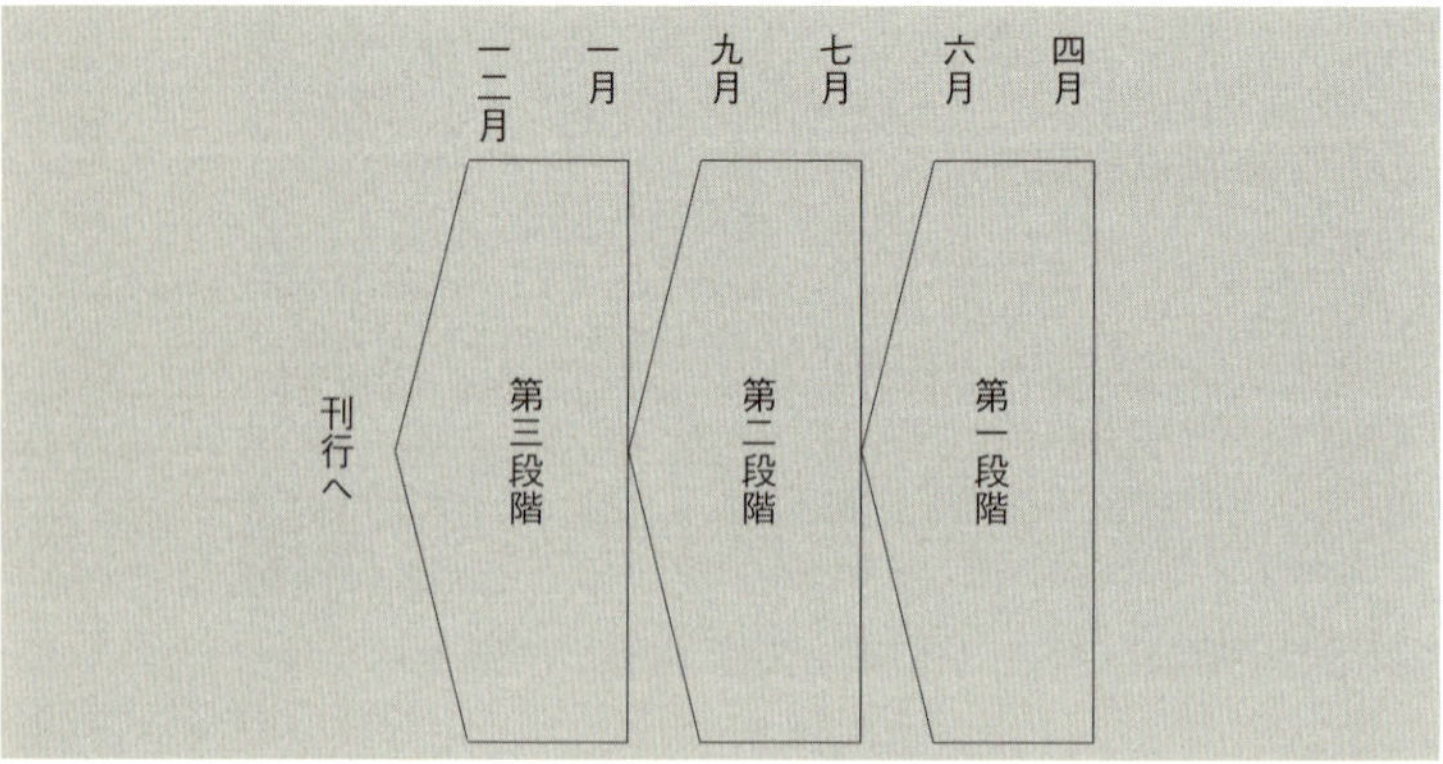

第一段階　形式面
・音声メモを文字に起こす
・誤字脱字を修正する
・重複する内容を整理する
・読みやすい文章に校正する

第二段階　内容面
・文字数を減らす
・語調を統一する
・質問と解答を対応させる
・記事の構成を整える

第三段階　最終確認
・脚注を作成する
・原稿の確認を依頼する

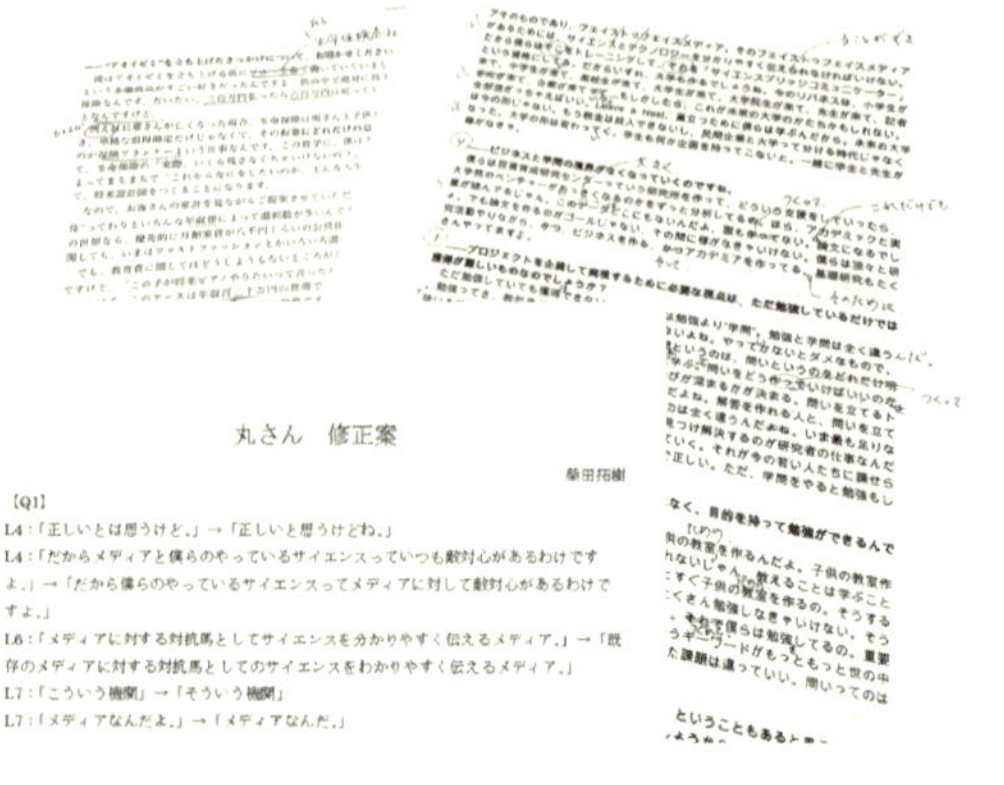

丸さん　修正案

柴田拓樹

【Q1】
L4：「正しいとは思うけど。」→「正しいと思うけどね。」
L4：「だからメディアと僕らのやっているサイエンスっていつも敵対心があるわけですよ。」→「だから僕らのやっているサイエンスってメディアに対して敵対心があるわけですよ。」
L6：「メディアに対する対抗馬としてサイエンスを分かりやすく伝えるメディア。」→「既存のメディアに対する対抗馬としてのサイエンスをわかりやすく伝えるメディア。」
L7：「こういう機関」→「そういう機関」
L7：「メディアなんだよ。」→「メディアなんだ。」

＊校正は二種類の方法を用いて行いました。
①紙媒体に印刷し、皆で音読をしながら直接書き込む。
②グーグルドライブを用いて、それぞれが修正案をつくって担当者が集約する。

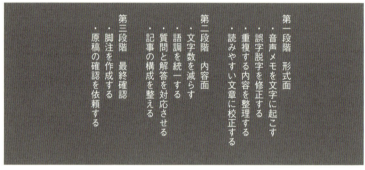

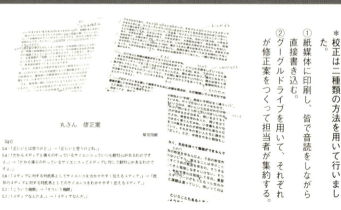

松本健太郎

Q「今回の出版プロジェクトを終えた今、あなたにとっての「プロジェクトの種」とは何だと思いますか？」――こんな問いを、この本の学生編者たちに投げかけてみました。

山﨑裕行

ぼくにとってのプロジェクトの種は「自分を生きること」です。自己のあらゆる経験をもとに、ほんとうにやりたいことを見つけだし、それを実現するために邁進すること、それが大切だと考えます。

柴田拓樹

私にとってのプロジェクトの種は「立ちどまって考えてみること」です。日常に流されず、ほんとうに必要なもの、あるべきものは何なのかを考えてみること、これが入口になると思います。

加藤興己

ぼくにとってのプロジェクトの種は「身近な課題に気がつく力」、そして「課題が解決された世界を想像する力」です。これから自分がたずさわるプロジェクトのなかで、これら二点をつねに意識していくつもりです。

木本伸之

私にとってのプロジェクトの種は「今までの価値観を見直すこと」です。将来、自分が誰かの力になれるように、学んだことを活かしていきたいと思っています。

白土智之

ぼくにとってのプロジェクトの種は「まわり道の経験」です。遠まわりであったとしても、一つひとつの経験を活かして、点と点をつなげて線を描けるようにしていきたいです。

田中友大

私にとってのプロジェクトの種は「背景を読む力」です。問題を表面的な解決に終わらせるのではなく、その背景を理解し、そこで本当に求められていることを考えるべきだと感じています。

大工綾乃

私にとってのプロジェクトの種は「共感する力」です。それをもとに他人事を自分事としてとらえてみる、それが課題発見の第一歩かもしれません。

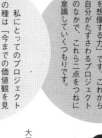

◉学生の所属は執筆時（2016 年度）のものである。

【編　者】（* 執筆者を兼ねる）
山﨑裕行 *
二松學舍大学大学院修士課程二年

柴田拓樹
二松學舍大学国文学科四年

加藤興己
二松學舍大学国文学科四年

木本伸之
二松學舍大学国文学科四年

白土智之
二松學舍大学国文学科四年

田中友大
二松學舍大学国文学科四年

大工綾乃
二松學舍大学国文学科三年

【執筆者】
谷島貫太
二松學舍大学文学部都市文化デザイン学科専任講師

小西卓三
昭和女子大学英語コミュニケーション学科准教授

黒臼美穂
昭和女子大学英語コミュニケーション学科四年

佐藤美冬
昭和女子大学英語コミュニケーション学科四年

【監　修】（* 執筆者を兼ねる）
大塚泰造 *
二松學舍大学都市文化デザイン学科非常勤講師
Kakaxi, Inc. CEO
スポーツ・イノベーション株式会社代表取締役
株式会社ポケットマルシェ取締役
沖縄バスケットボール株式会社ファウンダー／オーナー
株式会社フラッグ取締役
NPO 法人東北開墾理事
一般社団法人日本食べる通信リーグ理事

松本健太郎 *
二松學舍大学都市文化デザイン学科准教授 *
京都大学大学院人間・環境学研究科博士後期課程修了。
博士（人間・環境学）。著書に，『ロラン・バルトにとって写真とは何か』（ナカニシヤ出版，2014 年）他。

メディアをつくって社会をデザインする仕事
プロジェクトの種を求めて

2017 年 5 月 15 日　初版第 1 刷発行　（定価はカヴァーに表示してあります）

監　修　大塚泰造
　　　　松本健太郎
発行者　中西健夫
発行所　株式会社ナカニシヤ出版
〒 606-8161　京都市左京区一乗寺木ノ本町 15 番地
Telephone　075-723-0111
Facsimile　075-723-0095
Website　http://www.nakanishiya.co.jp/
E-mail　iihon-ippai@nakanishiya.co.jp
郵便振替　01030-0-13128

装画＝宮中芳樹／印刷・製本＝ファインワークス

ISBN978-4-7795-1065-6